COMO VOU EXPLICAR ISSO A UMA CRIANÇA?
REPERCUSSÕES DA PUBLICIDADE LGBTI+

Editora Appris Ltda.
1.ª Edição - Copyright© 2024 do autor
Direitos de Edição Reservados à Editora Appris Ltda.

Nenhuma parte desta obra poderá ser utilizada indevidamente, sem estar de acordo com a Lei nº 9.610/98. Se incorreções forem encontradas, serão de exclusiva responsabilidade de seus organizadores. Foi realizado o Depósito Legal na Fundação Biblioteca Nacional, de acordo com as Leis nos 10.994, de 14/12/2004, e 12.192, de 14/01/2010.

Catalogação na Fonte
Elaborado por: Josefina A. S. Guedes
Bibliotecária CRB 9/870

J351c
2024
	Jansen, Lucas Lima
	  Como vou explicar isso a uma criança?: repercussões da publicidade LGBTI+ / Lucas Lima Jansen. – 1. ed. – Curitiba: Appris, 2024.
	  141 p. ; 23 cm. – (Ciências da comunicação).
	
	  Inclui referências.
	  ISBN 978-65-250-6055-2
	
	  1. Publicidade. 2. Mídia social. 3. Identidade de gênero. 4. Análise do discurso. 5. Direitos humanos. I. Título. II. Série.
	
	                                                                CDD - 302.23

Livro de acordo com a normalização técnica da ABNT

Editora e Livraria Appris Ltda.
Av. Manoel Ribas, 2265 – Mercês
Curitiba/PR – CEP: 80810-002
Tel. (41) 3156 - 4731
www.editoraappris.com.br

Printed in Brazil
Impresso no Brasil

Lucas Lima Jansen

COMO VOU EXPLICAR ISSO A UMA CRIANÇA?
REPERCUSSÕES DA PUBLICIDADE LGBTI+

FICHA TÉCNICA

EDITORIAL	Augusto Coelho
	Sara C. de Andrade Coelho
COMITÊ EDITORIAL	Andréa Barbosa Gouveia - UFPR
	Edmeire C. Pereira - UFPR
	Iraneide da Silva - UFC
	Jacques de Lima Ferreira - UP
	Marli Caetano
SUPERVISOR DA PRODUÇÃO	Renata Cristina Lopes Miccelli
ASSESSORIA EDITORIAL	William Rodrigues
REVISÃO	Isabel Tomaselli Borba
PRODUÇÃO EDITORIAL	Adrielli de Almeida
DIAGRAMAÇÃO	Andrezza Libel
CAPA	Lucielli Trevizan
DESIGN CAPA	Julia d'Almeida Lins
ILUSTRAÇÃO CAPA	Andressa Lustosa
REVISÃO DE PROVA	William Rodrigues

COMITÊ CIENTÍFICO DA COLEÇÃO CIÊNCIAS DA COMUNICAÇÃO

DIREÇÃO CIENTÍFICA Francisco de Assis (Fiam-Faam-SP-Brasil)

CONSULTORES

Ana Carolina Rocha Pessôa Temer
(UFG-GO-Brasil)

Antonio Hohlfeldt
(PUCRS-RS-Brasil)

Carlos Alberto Messeder Pereira
(UFRJ-RJ-Brasil)

Cicilia M. Krohling Peruzzo
(Umesp-SP-Brasil)

Janine Marques Passini Lucht
(ESPM-RS-Brasil)

Jorge A. González
(CEIICH-Unam-México)

Jorge Kanehide Ijuim
(Ufsc-SC-Brasil)

José Marques de Melo
(In Memoriam)

Juçara Brittes
(Ufop-MG-Brasil)

Isabel Ferin Cunha
(UC-Portugal)

Márcio Fernandes
(Unicentro-PR-Brasil)

Maria Aparecida Baccega
(ESPM-SP-Brasil)

Maria Ataíde Malcher
(UFPA-PA-Brasil)

Maria Berenice Machado
(UFRGS-RS-Brasil)

Maria das Graças Targino
(UFPI-PI-Brasil)

Maria Elisabete Antonioli
(ESPM-SP-Brasil)

Marialva Carlos Barbosa
(UFRJ-RJ-Brasil)

Osvando J. de Morais
(Unesp-SP-Brasil)

Pierre Leroux
(Iscea-UCO-França)

Rosa Maria Dalla Costa
(UFPR-PR-Brasil)

Sandra Reimão
(USP-SP-Brasil)

Sérgio Mattos
(UFRB-BA-Brasil)

Thomas Tufte
(RUC-Dinamarca)

Zélia Leal Adghirni
(UnB-DF-Brasil)

*A Maria Alice Mendes Jansen, Sandra Clélia Lima Jansen,
Maria Lúcia Jansen Pereira da Silva e Maria Vilma do Nascimento Lima.*

AGRADECIMENTOS

Uma obra como esta não se escreve sozinho. Partindo desse pressuposto, agradeço a todas as pessoas que escreveram, direta e indiretamente, este estudo. Agradeço a minha família, nas pessoas da minha mãe, Sandra Clélia Lima Jansen, e meu pai, Frederico José Jansen Pereira da Silva, por não medirem esforços em me oportunizar uma educação baseada no conhecimento, respeito e responsabilidade social.

Agradeço especialmente a Paulo Victor Vasconcelos de Albuquerque, que embarcou comigo nessa jornada de vir morar em Brasília, em função desta investigação. E conosco estiveram nossos filhos, Lord Burpee e Dua Lipa (Duli), que foram alicerces de amor, companheirismo e carinho em todos os momentos. Nesse cenário, agradeço também a Gilson Reis, por embarcar conosco na aventura do afeto.

Aos amigos que ficaram em Recife, representados por Jéssica Morato, Sofia Duarte, Mariana Cadengue e André Gaia, cujos laços de amizade se mostraram para além das fronteiras do espaço. Mas também aos amigos que aqui fizemos, por toda acolhida, em especial Daniel Fernandes de Melo, Cristian Daniel Kinn Ruiz, Ricardo Lucas e Andressa Souza de Oliveira, que representam os demais vínculos afetivos construídos em Brasília.

Ao Programa de Pós-Graduação em Comunicação da Universidade de Brasília (PPG/COM-UnB), alcançando todos os docentes, discentes e técnicos pelo comprometimento com a pesquisa em nossa área e pelas diversas oportunidades que foram concedidas ao longo dessa trajetória.

Ao Grupo de Pesquisa Madalenas em Ação, pelos encontros, discussões, indicações, acalentos e afetos, que foram fundamentais para a escrita deste livro.

À professora orientadora Dr.ª Liliane Maria Macedo Machado, pelo seu comprometimento na minha formação acadêmica. Durante este estudo, compartilhamos uma construção de conhecimento conjunta, que é característica da relação entre orientadora e orientando. Em sua pessoa, agradeço às professoras com as quais estabeleci vínculos de orientação em estudos anteriores: Elizabeth de Azevedo (Colégio Damas), Soraya Barreto Januário (Universidade Federal de Pernambuco – UFPE) e Renata Cristina Othon Lacerda de Andrade (Faculdade Damas).

À Comissão de Diversidade Sexual e de Gênero da Ordem dos Advogados de Pernambuco (OAB-PE), nas pessoas de Goretti Soares, Regina Costa e Sérgio Pessoa, pelo incentivo à pesquisa e compartilhamento do ativismo na pauta.

Nós podemos sempre mais do que imaginamos.

(Madre Agathe Verhelle)

PREFÁCIO

Após os ataques sistemáticos aos direitos humanos que nós, brasileiros, vivenciamos de 2019 a 2022, tenho a grata tarefa de apresentar-lhes a obra de autoria de Lucas Jansen, desenvolvida, parcialmente, durante o governo de Jair Bolsonaro, o qual já é reconhecido como um período de trevas na história do Brasil. Eis que do caos, das infâmias contra grupos marginalizados da sociedade, emerge uma pesquisa que investiga o obscurantismo com leveza, segurança e clareza.

Dentre os grupos mais atacados por Bolsonaro e seus seguidores, inclui-se o chamado LGBTI+, que congrega mulheres, gays, trans, entre outros. Foram 4 anos sucessivos de deboche, xingamentos, mentiras e escárnio contra pessoas que se engajam na luta diária contra os preconceitos e as discriminações ou que, simplesmente, assumem com orgulho e segurança sua identidade de gênero ou de orientação sexual. Afinal, quais motivos para tanto ódio ao outro? Por que a alteridade continua sofrendo resistência por parte de políticos, religiosos ou dos que, simplesmente, se auto intitulam como cidadãos de bem?

Lucas Jansen nos conduz para a compreensão parcial sobre a questão ao pesquisar acerca das repercussões negativas de uma campanha publicitária com características *outvertising* (que em português pode ser traduzido como publicidade fora do armário), tendo como objeto de estudo a campanha "Como explicar?", do Burger King Brasil. Chama a atenção, por exemplo, o capítulo 4 da obra, em que o autor se dedica a escarafunchar algumas das consequências da campanha publicitária, como o discurso do apresentador Sikèra Jr., feito em rede nacional de TV, poucos dias após o lançamento da campanha. Os adjetivos, xingamentos e ameaças feitas por ele, ao vivo, não são apenas algo a ser lamentado e esquecido, mas, pelo contrário, um acontecimento comunicativo que merece atenção e estudo.

Após a decupagem do programa, Lucas contou-me que chorou diante de tanto ódio. Não é para menos, nunca poderemos perder o senso de indignação diante dos que pregam castigo e punição para o que os incomoda, no caso, a tentativa de uma marca de sanduíches de dar voz a grupos discriminados, revelando que explicar a uma criança que um casal pode ser formado por dois homens ou duas mulheres, por exemplo, não é nada difícil.

Quando se aborda a obra de forma linear, somos contemplados com o histórico da publicidade fora do armário no país, revelando exemplos que marcaram períodos recentes; sobre o papel dos agentes reguladores da comunicação, tal como o Conar, bem como da premência de refinar e ampliar a regulação da comunicação em tempos de disseminação da informação ou, no outro extremo, da calúnia e do linchamento de uma pessoa em tempo real, desencadeando questões graves, seja de caráter pessoal ou coletivo.

No último capítulo, Lucas vai analisar com acuidade as formações discursivas encontradas no seu corpus, momento em que aprendemos sobre a relação texto e contexto, sobre a ordem dos discursos e sobre o poder que deles emanam, afinal, parafraseando Foucault em *A Ordem do Discurso*, o poder não é algo que se detém, mas que se exerce. E isso ocorre, majoritariamente, por meio do discurso, seja ele midiático, religioso, político, acadêmico, ou de outros gêneros.

A um ano do término da pesquisa, vencemos o período Bolsonaro, mas o estrago feito não será revertido em pouco tempo. Esta obra permite refletir sobre parte do que ocorreu em um texto fluido, mas que não abre mão da densidade e do rigor que pressupõem uma pesquisa acadêmica.

Prof.ª Dr.ª Liliane Maria Macedo Machado
Professora associada à Faculdade e ao Programa de Pós-Graduação em Comunicação da Universidade de Brasília (UnB). Coordenadora do Grupo de Pesquisa CNPq "Madalenas em Ação: estudos feministas e de gênero em comunicação". lilianemmm@gmail.com. Lattes: http://lattes.cnpq.br/4419127208068044

LISTA DE ABREVIATURAS E SIGLAS

ADO	Ação Direta de Inconstitucionalidade por Omissão
Alesp	Assembleia Legislativa do Estado de São Paulo
Art.	Artigo
BB	Banco do Brasil
BBB	Burger King (Brasil)
CBAP	Código Brasileiro de Autorregulementação Publicitária
CDC	Código de Defesa do Consumidor
CGI.br	Comitê Gestor da Internet no Brasil
CLDF	Câmara Legislativa do Distrito Federal
Conanda	Conselho Nacional dos Direitos da Criança e do Adolescente
Conar	Conselho Nacional de Autorregulamentação Publicitária
ECA	Estatuto da Criança e do Adolescente
FD	Formação Discursiva
Inc.	Inciso
LGBTI+	Lésbicas, Gays, Bissexuais, Travestis, Transexuais e Intersexuais
min.	Minuto
MPF	Ministério Público Federal
OMS	Organização Mundial da Saúde
Opas/OMS	Organização Pan-Americana da Saúde
PGR	Procuradoria-Geral da República
PL	Projeto de Lei
s.	Segundo(s)
STF	Superior Tribunal Federal
STJ	Superior Tribunal de Justiça

URL   Uniform Resource Locator (Localizador Uniforme de Recursos, em tradução livre)

ONG   Organização não governamental

SUMÁRIO

INTRODUÇÃO 17

1
PUBLICIDADE FORA DO ARMÁRIO:
DO PEJORATIVO AO ORGULHO 25
   1.1 PUBLICIDADE FORA DO ARMÁRIO: DO PEJORATIVO AO ORGULHO....25
   1.2 HIBRIDIZAÇÃO DA PUBLICIDADE E PUBLICIDADE CONTRAINTUITIVA:
   TENDÊNCIAS CONTEMPORÂNEAS..29
   1.3 HISTÓRICO DA REPRESENTAÇÃO E VISIBILIDADE
   DE PESSOAS LGBTI+ NA PUBLICIDADE...................................33
   1.4 "COMO EU VOU EXPLICAR ISSO A UMA CRIANÇA?" 41

2
ATIVISMOS EM MOVIMENTO: POR UMA ABORDAGEM
INTERSECCIONAL... 45
   2.1 MOVIMENTOS FEMINISTAS: UMA PERSPECTIVA TRANSFEMINISTA...46
   2.2 MOVIMENTO ANTIRRACISTA 52
   2.3 MOVIMENTO LGBTI+ NO BRASIL.......................................57

3
MÍDIA E INFÂNCIAS: O POTENCIAL PEDAGÓGICO
DA *OUTVERTISING* 67
   3.1 O PAPEL DA MÍDIA NA SOCIALIZAÇÃO DAS CRIANÇAS 68
   3.2 A IMPORTÂNCIA DA REGULAMENTAÇÃO DA PUBLICIDADE
   DIRECIONADA AO PÚBLICO INFANTIL 72
   3.3 O POTENCIAL PEDAGÓGICO DA *OUTVERTISING* NA CONSTRUÇÃO
   DE UMA CULTURA MAIS INCLUSIVA E DIVERSA............................79

4
REPERCUSSÕES DA CAMPANHA: ENTRE O ÓDIO E A DIVERSIDADE ...85
   4.1 *HASHTAGS* "#BURGERKINGLIXO" E "#BURGERKINGNUNCAMAIS",
   NO TWITTER...86
   4.2 CRÍTICA DO APRESENTADOR SIKÊRA JR., DURANTE O PROGRAMA
   ALERTA NACIONAL, DA REDETV!..89

4.3 PROJETO DE LEI (PL) N.º 504/2020, EM TRAMITAÇÃO NA ASSEMBLEIA LEGISLATIVA DO ESTADO DE SÃO PAULO 93
4.4 REPRESENTAÇÃO N.º 135/21 DO CONSELHO NACIONAL DE AUTORREGULAMENTAÇÃO PUBLICITÁRIA (CONAR) 95

5
ANÁLISES DAS FORMAÇÕES DISCURSIVAS:
DA VERGONHA EMERGE O ORGULHO 101
   5.1 CONCEITOS METODOLÓGICOS ADOTADOS 101
   5.2 FD INIMIGOS EM COMUM...105
   4.5 FD PROTEÇÃO ÀS CRIANÇAS 111
   4.6 FD ORGULHO E RESPEITO 118

CONSIDERAÇÕES FINAIS...123

REFERÊNCIAS..127

INTRODUÇÃO

"O amor une. A homofobia não. Respeitar a diversidade é um dever de todos". Essa foi a composição textual da campanha publicitária contra a homofobia, veiculada em 2014 pela organização não governamental (ONG) Movimento Espírito Lilás (MEL), nos veículos televisivos da Paraíba. Por vezes esquecida ou desconsiderada pelos pesquisadores que estudam a temática LGBTI+[1] na publicidade, a peça possivelmente inaugura o primeiro beijo homossexual na publicidade brasileira e merece o devido destaque, a fim de que a discussão sobre a temática proposta não se restrinja ao eixo Rio-São Paulo.

Mozdzenski (2019), no entanto, considera um anúncio impresso da joalheria americana Tiffany & Co., veiculado em 2015, como um dos marcos fundantes da tendência publicitária que o autor denomina de *outvertising* (publicidade fora do armário), conceito teórico central nesta obra. Pela primeira vez na história da empresa, um casal gay estampa uma campanha publicitária.

Desde então, muitas marcas vêm se posicionando pelo reconhecimento e valorização da diversidade de identidades de gênero e sexualidades. No contexto do Brasil, temos como exemplos as campanhas: "Casais", do Dia dos Namorados, da marca de cosméticos O Boticário (2015); "#EscolhaOAmor", do Dia das Mães, da GOL Linhas Aéreas (2015); e a "Close Up, liberte seu beijo", do Dia do Beijo da marca de cremes dentais Close Up (2016), dentre outras.

Mais recentemente, em 23 de junho de 2021, durante o mês do orgulho LGBTI+, a marca de fast-food Burger King Brasil publicou em suas plataformas digitais de redes sociais o filme publicitário "Como vou explicar isso para uma criança?", cuja descrição no YouTube incluía a seguinte reflexão: "Sempre tem um adulto que, quando vê algo relacionado a LGBTQAI+[2], pensa: como eu vou explicar isso pra uma criança? Mas, ao contrário do que eles pensam, as crianças acham esses assuntos muito simples".

---

[1] Pode-se afirmar que já existem mais de 50 letras para representar as múltiplas possibilidades de expressão sexogendérica. Optou-se por utilizar a sigla LGBTI+, por ser o termo de maior uso corrente nas pesquisas nacionais, na mídia, em documentos oficiais e em conformidade com o Manual de Comunicação LGBTI+ mais recente, organizado pela Rede GayLatino e da Aliança Nacional LGBTI+. Em todo caso, o emprego da sigla diz respeito a qualquer pessoa não heterossexual e/ou não cisgênera. É importante pontuar que nas citações diretas, respeitou-se o termo utilizado pelo autor. Em razão disso, há diferentes usos da sigla ao longo deste estudo.

[2] Apesar da opção pelo uso da sigla LGBTI+ nesta obra (nota de rodapé 1), no trecho em questão se apresentou a citação literal da marca, que optou pelo uso "LGBTQAI+". Essa atitude será feita ao longo deste estudo, ou seja, nas citações diretas, respeita-se a opção da sigla adotada por cada pessoa autora.

O posicionamento do Burger King Brasil contrasta com as representações estereotipadas de identidades de gêneros e orientações sexuais, pois pela primeira vez na publicidade nacional, temos uma marca de atuação internacional, retratando a temática da diversidade LGBTI+ no contexto familiar, incluindo depoimentos reais de crianças sobre a temática. Ademais, há uma evidente tentativa do anúncio em abarcar a maior possibilidade de representação, tendo em vista a presença das mais diversas categorias de pessoas.

Em função do contexto nacional atual em torno de questões relacionadas aos movimentos sociais minorizados, especialmente aqueles de diversidade de identidades de gênero e sexualidades, a campanha sofreu diversos ataques. E, para fins de estruturação do corpus desta pesquisa, identificou-se quatro repercussões. São elas: (I) *hashtags* "#BurgerKingLixo" e "#BurgerKingNuncaMais", no Twitter; (II) crítica do apresentador Sikêra Jr., durante o programa *Alerta Nacional*, da RedeTV!; (III) Projeto de Lei (PL) n.º 504/2020, em tramitação na Assembleia Legislativa do Estado de São Paulo; e (IV) Representação n.º 135/21 do Conar, Conselho Nacional de Autorregulamentação Publicitária, que julgou as denúncias contra a campanha.

Logo após a veiculação da campanha, as *hashtags* "#BurgerKingLixo" e "#BurgerKingNuncaMais" ocuparam os *trending topics*, isto é, os assuntos mais comentados, do Twitter. Nesse sentido, a opinião do público, que se dividiu pró e contra o anúncio publicitário, contribuiu fortemente para um intenso debate entre os usuários da plataforma.

Uma semana após a publicação do filme publicitário, na sexta-feira do dia 26 de junho, o apresentador Sikêra Jr. teceu fortes críticas à marca, durante o programa policialesco *Alerta Nacional*, da RedeTV! Na transmissão ao vivo, e com espetacularização e o sensacionalismo[3] típicos do apresentador, Sikêra Jr. proferiu frases como: "Nojo de vocês! O que vocês tão fazendo com as crianças hoje é nojento", "Vocês não vão ter filhos. Vocês não reproduzem. Vocês não procriam. E querem acabar com a minha família e com a família dos brasileiros. Vocês são nojentos. Vocês chegaram ao limite, vocês chegaram ao limite", num evidente ataque tanto à marca quanto, principalmente, às pessoas LGBTI+.

Após as fortes discussões acerca da campanha, o Projeto de Lei (PL) n.º 504/2020 em tramitação na Assembleia Legislativa do Estado de São Paulo polemizou ainda mais o debate sobre a publicidade LGBTI+ e as infâncias. O texto do projeto almejava que fosse proibida a "publicidade, através de

---

[3] A partir do capítulo intitulado "Repercussões da campanha: entre o ódio e a diversidade", discutir-se-á as estratégias de comunicação adotadas pelo programa *Alerta Nacional*.

qualquer veículo de comunicação e mídia de material que contenha alusão a preferências sexuais e movimentos sobre diversidade sexual relacionados a crianças no Estado".

Além disso, em setembro daquele ano, o Conselho Nacional de Autorregulamentação Publicitária (Conar) recebeu denúncias de cerca de cem consumidores, juntos da União Nacional das Igrejas e Pastores Evangélicos (Unigrejas), sobre a campanha ora analisada. As denúncias consideram que a campanha expôs menores de idade a assunto inapropriado para as suas idades. Acertadamente, a Segunda Câmara do órgão decidiu por unanimidade pelo arquivamento das denúncias, relembrando que o Brasil registra o assassinato de uma pessoa LGBTI+ a cada 23 horas. E "diante disso, grandes marcas, veículos de comunicação e influenciadores começam a trazer à luz estes temas, procurando dar visibilidade a estas pessoas, conscientizando a sociedade sobre esta luta" (Conar, 2021).

Como resposta aos ataques, a marca emitiu a seguinte nota:

> No BK, acreditamos no respeito como princípio básico de todas as relações humanas e não toleramos o preconceito. Aqui, todas as pessoas são bem-vindas. O desenvolvimento da campanha "Como Explicar", voltada e pensada especificamente para o público adulto, contou com a curadoria de especialistas em psicologia para garantir o uso de uma linguagem adequada, bem como uma consultoria de diversidade e das ONGS Mães pela Diversidade e APOLGBT. O Burger King reforça seu compromisso de contribuir na construção de uma sociedade cada vez mais plural e com o respeito como princípio básico (Filippe, 2021).

Diante da questão ora apresentada e a partir do contexto socio-histórico, o problema de pesquisa que se busca responder é: como as narrativas da *outvertising* repercutem na sociedade. A hipótese é que, ao contrário dos discursos e ações contrárias à campanha do Burger King, a publicidade fora do armário não deve ser considerada apologia às transgeneridades e homossexualidades. É possível que, sob uma perspectiva de intolerâncias, e de defesa de princípios moralizantes, os discursos estereotipados de identidades de gêneros e sexualidades sejam estratégica e politicamente incentivados, enquanto aqueles que evidenciam e denunciam os preconceitos sejam rechaçados.

O objetivo geral desta investigação consiste em analisar as repercussões da *outvertising*, tendo como objeto de estudo a campanha "Como explicar?" do Burger King Brasil e suas repercussões. Isso posto, os objetivos específicos podem ser elencados da seguinte forma: (I) historiografar a *outvertising* na publicidade brasileira, considerando os contextos sociais e mercadológicos; (II) estabelecer relações entre os movimentos sociais dos feminismos, antirracismo e LGBTI+, a partir do conceito de interseccionalidade; (III) compreender como as infâncias se relacionam com as mídias no contexto da regulamentação da publicidade infantil; (IV) destacar e detalhar as repercussões da campanha "Como explicar?"; e (V) listar e analisar as formações discursivas da mencionada campanha.

É importante destacar a importância deste trabalho tanto numa perspectiva analítica quanto documental, já que a efemeridade dos produtos midiáticos não pode cair no esquecimento. Nesse sentido, os portais de notícias cumprem parcialmente essa importante função de memória. No entanto, no caso do corpus deste estudo, houve uma certa dificuldade em encontrar a íntegra da crítica realizada por Sikêra Jr., já que os canais oficiais do programa *Alerta Nacional*, da RedeTV!, não a disponibilizam. O acesso e a transcrição do discurso só foram possíveis pelo autor ter realizado o download do vídeo à época de sua veiculação.

Reforça-se, assim, a importância da pesquisa na área da comunicação social, na promoção da documentação e análise dos processos comunicacionais. Ao registrar e analisar os impactos sociais e as transformações culturais advindas das práticas comunicativas, neste caso, uma campanha publicitária, a pesquisa contribui para uma compreensão mais abrangente da sociedade e para o desenvolvimento de estratégias de comunicação mais eficientes e inclusivas.

Ademais, destaca-se que a pesquisa na área da comunicação social contribui para o desenvolvimento de políticas públicas mais eficazes. Os resultados das pesquisas também podem subsidiar a criação de regulamentações e diretrizes para os meios de comunicação, além de fornecer insights para a formulação de políticas de inclusão digital, acesso à informação e democratização da comunicação.

No caso deste estudo, sua função social alcança diversos agentes. Profissionais da comunicação social, especialmente os publicitários, poderão fazer uso desta pesquisa para conceber campanhas criativas que respeitem a diversidade e a inclusão. Órgãos do governo podem entender a circulação da homotransfobia particularmente nas plataformas digitais, para melhor compreensão e regulação dessas ambiências. E, academicamente, avançamos nas pesquisas da publicidade e da propaganda, permitindo e incentivando novos estudos acerca do fenômeno da *outvertising*. Sem pretensão de esgotar os potenciais usos desta obra, refletimos que dela podem fazer aproveitamentos os setores público, privado e acadêmico.

Nesse sentido, é relevante destacar a atualidade da questão da regulação da publicidade no contexto contemporâneo. Para fortalecer esse argumento, podemos observar que tanto a Lei n.º 12.965/2014, conhecida como Marco Civil da Internet, quanto a Resolução CGI.br/RES/2009/003/P do Comitê Gestor da Internet no Brasil (CGI.br, 2009), estabelecendo princípios para a governança e uso da internet no país, continuam a gerar debates sobre a efetiva aplicação desse marco regulatório.

Para exemplificar, há um debate sobre as responsabilidades das plataformas digitais de redes sociais no que diz respeito à disseminação de desinformação e conteúdos de ódio em seus ambientes. De acordo com informações fornecidas pelo Twitter, pesquisas indicam que determinados grupos sociais estão sujeitos a um assédio on-line desproporcional. Esses grupos incluem mulheres, negros, lésbicas, gays, bissexuais, transexuais, homossexuais, intersexuais, indivíduos assexuados, bem como comunidades historicamente marginalizadas e subrepresentadas. Conforme o Twitter afirma, "para aqueles que se identificam com vários grupos sub-representados, o assédio pode ser mais frequente, mais severo em sua natureza e mais prejudicial".

De acordo com as políticas da plataforma em questão, em situações de propagação de conteúdo de ódio voltado a indivíduos ou a categorias protegidas, como a comunidade LGBTI+, o Twitter pode adotar uma série de medidas corretivas. Isso inclui a redução da visibilidade e exclusão de *tweets*, bem como, em casos mais graves, pode suspender contas cuja principal utilização tenha sido identificada como a propagação de ódio.

Frente a essas regulamentações privadas, isto é, estabelecidas pela própria plataforma, que também desempenha um papel corretivo e punitivo, percebe-se a esfera privada desempenhando uma função pública. Na realidade, observa-se uma entidade privada encarregada de combater e punir comportamentos criminosos, considerando que o discurso de ódio direcionado à comunidade LGBTI+ (homotransfobia) foi equiparado ao crime de racismo no Brasil[4].

---

[4] Para obter informações adicionais, consulte a tese do Supremo Tribunal Federal (STF) relacionada à Ação Direta de Inconstitucionalidade por Omissão (ADO) n.º 26. Disponível em: https://www.stf.jus.br/arquivo/cms/noticiaNoticiaStf/anexo/tesesADO26.pdf. Acesso em: 7 nov. 2023.

Considerando essas ambiências, os desafios da publicidade no ambiente digital são cada vez mais complexos devido à crescente presença de discursos de ódio, práticas de "terrorismo de marca" e outros comportamentos prejudiciais. Nesse contexto, as marcas enfrentam a difícil tarefa de se posicionar de forma ética e responsável, enquanto buscam alcançar seus públicos-alvo. A disseminação de discursos de ódio e a associação de marcas a conteúdos prejudiciais representam riscos significativos para a reputação e imagem das empresas. Portanto, a publicidade digital enfrenta o desafio de adotar estratégias que garantam a proteção da marca, a promoção de valores positivos e a mitigação de danos em um ambiente onde a informação circula rapidamente e pode ter um impacto imediato. Além disso, a regulação e a autorregulação se tornam fundamentais para enfrentar esses desafios e estabelecer diretrizes claras que promovam uma publicidade responsável no mundo digital.

Em resumo, esta obra se baseia principalmente nos conceitos de *outvertising* e nas abordagens da análise de discurso da vertente francesa. Outros termos-chave orbitam em torno desses fundamentos. Mozdzenski (2019) expande e redefine o conceito de publicidade "fora do armário" como uma tendência publicitária contemporânea, caracterizada por publicidades desconstrucionistas e contraintuitivas, que conferem representatividade e protagonismo aos membros da comunidade LGBTI+. Quanto à metodologia, adota-se a abordagem de discurso de Maingueneau (2020, p. 26), que compreende o discurso como uma construção contextual, uma vez que, nas palavras do autor, "fora do contexto, não se pode atribuir sentido a um enunciado".

O desenvolvimento desta obra está estruturado em cinco capítulos, percorrendo uma trajetória que permitiu ao pesquisador construir uma linha de pensamento contínua, a fim de analisar as repercussões da *outvertising* a partir de uma perspectiva crítica e científica.

No capítulo "Publicidade fora do armário: do pejorativo ao orgulho", busca-se compreender os fundamentos do discurso publicitário. Para isso, recorre-se principalmente aos conceitos de hibridização (Covaleski, 2010), publicidade contraintuitiva (Leite, 2008) e *outvertising* (Mozdzenski, 2019).

No capítulo seguinte, delimitam-se os movimentos sociais dos feminismos, antirracismo e LGBTI+, com o objetivo de compreender a interseccionalidade entre eles. Para isso, recorre-se aos estudos clássicos desses movimentos, utilizando as referências de Siqueira (2015) e Kravutschke

(2023) para compreender as ondas do feminismo e as perspectivas feministas de Lauretis (1987) e Nascimento (2021). Além disso, apoia-se nos estudos das brasileiras Ribeiro (2019) e Bento (2022) para compreender o racismo e o antirracismo. Por fim, analisa-se os pensamentos de Quinalha (2017), Green (2022) e Trevisan (2023) para compreender o movimento LGBTI+ no Brasil.

Em seguida, no capítulo "Mídia e infâncias: o potencial pedagógico da *outvertising*" examina-se o papel da mídia na socialização das crianças (Belloni, 2007; Alcântara, 2017), abordando as comunicações de marca a partir de uma perspectiva jurídica. Para alcançar esse objetivo, apresenta-se e se discute as regulamentações que orientam a publicidade voltada para crianças, reconhecendo a hipervulnerabilidade desse público. Além disso, não se limita a uma abordagem puramente crítica; também se explora o aspecto pedagógico da mídia e sua contribuição para a formação social de crianças e adolescentes.

Optou-se por dividir as repercussões da campanha e a análise das formações discursivas em capítulos distintos: "Repercussões da campanha: entre o ódio e a diversidade"; e "Análises das formações discursivas: da vergonha emerge o orgulho". Essa opção ocorreu para melhor estruturação deste livro. Nas repercussões da campanha se detalha sob uma perspectiva crítica as (I) *Hashtags* "#BurgerKingLixo" e "#BurgerKingNuncaMais", no Twitter; (II) Crítica do apresentador Sikêra Jr., durante o programa *Alerta Nacional*, da RedeTV!; (III) Projeto de Lei (PL) n.º 504/2020, em tramitação na Assembleia Legislativa do Estado de São Paulo; e (IV) Representação n.º 135/21 do Conar, Conselho Nacional de Autorregulamentação Publicitária, que julgou as denúncias contra a campanha.

Posteriormente, após a consolidação das repercussões, avança-se para a análise das formações discursivas, no capítulo intitulado "Análises das formações discursivas: da vergonha emerge o orgulho", adotando a abordagem da análise do discurso da vertente francesa (Maingueneau, 2020; Orlandi, 2006). Nesta etapa, foram identificadas e elencadas três formações discursivas, a saber: (I) inimigos em comum; (II) proteção às crianças; e (III) orgulho e respeito.

PUBLICIDADE FORA DO ARMÁRIO: DO PEJORATIVO AO ORGULHO

> *Os historiadores e arqueólogos descobrirão um dia que os anúncios de nossa época constituem o mais rico e mais fiel reflexo cotidiano que uma sociedade jamais forneceu de toda uma gama de atividades.*
> (McLuhan apud Carvalho, 2004, p. 5)

Este capítulo percorre uma trajetória estruturada, que abrange desde os fundamentos do discurso publicitário e as tendências contemporâneas, até o histórico da representação LGBTI+ na publicidade e apresentação da campanha "Como explicar?" do Burger King Brasil, enquadrando-a nos pressupostos da *outvertising*. Assim, busca-se contribuir para uma compreensão mais abrangente desse fenômeno na esfera publicitária.

1.1 PUBLICIDADE FORA DO ARMÁRIO: DO PEJORATIVO AO ORGULHO

Para iniciar a discussão proposta por este trabalho, apresenta-se alguns conceitos relevantes, detalhando-os com o objetivo de trazer o rigor científico necessário ao tema. A partir do conhecimento, reflexão e crítica, busca-se elevar a área de estudos ao nível acadêmico, superando a predominância do enfoque técnico-mercadológico que caracteriza a publicidade.

Para uma melhor compreensão da mídia, é importante destacar que, no contexto contemporâneo do neoliberalismo[5], diversos estudos têm se dedicado a entender a importância central da mídia no funcionamento da globalização econômica, cultural e comunicacional (Lima, 2007). Com base nessa premissa, apresenta-se a seguir o conceito de mídia adotado neste livro, considerando que "é difícil encontrar uma definição consensual explícita do conceito de mídia entre os pesquisadores da área de comunicação" (Guazina, 2007, p. 51).

---

[5] Empregamos o termo "neoliberal" seguindo os princípios de Habermas (2015). Em termos gerais, essa terminologia engloba uma abordagem economicista que apresenta a ideia de um Estado mínimo, promovendo a centralidade da modernização econômica capitalista, com a ética do trabalho de inspiração liberal-protestante e o individualismo possessivo, caracterizando assim uma postura contrária ao Estado social.

De acordo com Lima (2007), a mídia pode ser compreendida como o conjunto de instituições que utiliza tecnologias específicas para facilitar a comunicação humana. A unidirecionalidade, a produção centralizada e a padronização de conteúdos são características inerentes a ela. Nesse contexto, é relevante ressaltar que a mídia requer necessariamente a presença de um intermediário tecnológico para viabilizar a comunicação.

Assim, cumpre considerar que os meios de comunicação evoluíram de simples canais para se tornarem construtores de conhecimento, exercendo influência no agendamento de temas públicos e na compreensão do mundo e da política. A sofisticação do aparato tecnológico fortaleceu o uso do termo "mídia" como um conceito amplo, abrangendo uma ampla gama de fenômenos, como política, jornalismo, publicidade, propaganda, marketing e entretenimento nos diversos meios de comunicação.

Portanto, é evidente que a publicidade e a propaganda estão inseridas no âmbito da mídia. No entanto, é importante fazer uma distinção entre os termos "publicidade" e "propaganda", que são frequentemente utilizados como sinônimos no Brasil, devido a uma tradução inadequada do inglês durante a criação das primeiras agências publicitárias no país. Essa confusão semântica dificulta o diálogo acadêmico entre brasileiros e estrangeiros, resultando em falta de clareza sobre as diferenças reais que demarcam o início de uma área e o fim da outra (Lampreia, 1994).

Para evidenciar ainda mais a confusão existente entre os termos em análise, a legislação brasileira que regulamenta as atividades pertinentes trata os conceitos de forma imprecisa. O Código Brasileiro de Autorregulamentação Publicitária (CBAP), por vezes, aborda o mesmo objeto como "propaganda" e, em outras ocasiões, como "publicidade", sem fazer uma distinção clara entre as duas terminologias. Essa norma define o que é uma "agência de propaganda", um "anunciante", um "representante de veículo", um "agenciador de propaganda", um "agenciador autônomo" e "veículos de comunicação". Em resumo, tudo o que se relaciona com a publicidade e propaganda é definido, exceto as próprias definições desses termos.

Pavarino (2013) afirma que não é possível estabelecer um consenso absoluto sobre os limites entre os dois fenômenos. Apesar de existir o termo "publicidade" em outras línguas, com diferentes significados, o fenômeno ao qual ele se refere não é considerado por todos os pesquisadores como totalmente distinto e separado daquele abordado pela propaganda. Diante dessa questão, Demartini Gomes (2001) propõe a definição mínima dos termos para distinguir a publicidade da propaganda. Nesse contexto, a autora destaca o caráter comercial e ideológico, respectivamente, como elementos distintivos entre os dois conceitos.

Levando em conta essas distinções, é relevante destacar que tanto a publicidade quanto a propaganda utilizam instrumentos de comunicação persuasiva como estratégia narrativa.

> [...] a propaganda faz uso das técnicas publicitárias com fins político-ideológicos (e vice-versa). Ela pode reforçar uma opinião/atitude ou solicitar uma tomada de posição, por vezes conflituosa. Por sua vez, a publicidade não visa causar nenhum tipo de conflito em seu público, mas apenas o faz acreditar que este mesmo público é autônomo em suas decisões. Ao fazer referência a um "estilo de vida", a valores e ao imaginário, a publicidade é essencialmente ideológica. Desse modo vemos que a publicidade não deixa de ser uma propaganda comercial, e que a propaganda, por sua vez, não está isenta de usos comerciais. **Em outras palavras, ambas estão voltadas para o desenvolvimento de estratégias de comunicação persuasiva** (Pavarino, 2013, p. 218, grifo nosso).

Considerando que tanto a publicidade quanto a propaganda estão voltadas para o desenvolvimento de estratégias de comunicação persuasiva, conforme apontado na citação anterior, recorre-se a seguir brevemente aos clássicos tratados da retórica aristotélica para compreender como essa argumentação é aplicada, especialmente na publicidade.

Tendo em vista que a retórica é a arte de persuadir por meio do discurso, é importante compreendê-la em uma perspectiva ampla, que engloba elementos verbais, não verbais e visuais. Nesse sentido, os discursos persuasivos abrangem um campo vasto de possibilidades para análise, que vão desde a imagem publicitária até os silenciamentos e o uso de técnicas persuasivas a partir de procedimentos digitais.

Goiamérico dos Santos e Nellie Santee (2012) observam que a retórica aristotélica tem como objetivo descobrir o que há de persuasivo em cada discurso, e não em produzir textos ou alterar comportamentos de quem os lê.

> Ou seja, aquele que tem por função redigir um discurso ou qualquer construção verbal persuasiva, como a propaganda, pouco uso fará da retórica, mas aquele que procura entender os meios pelos quais a persuasão se dá, este sim, será beneficiado por seu conhecimento (Dos Santos; Santee, 2012, p. 12).

À medida que as narrativas publicitárias contêm visões de mundo que sustentam os sistemas de pensamento de grupos sociais em relação à sociedade, seus discursos defendem, reforçam e legitimam lógicas e interesses de mercado. Para reforçar essa afirmação, Carrascoza (2014, p. 137, grifo nosso) destaca que:

> **A narrativa publicitária traz em seu bojo valores, implícitos e explícitos, do contexto histórico no qual ela foi enunciada.** O texto de um anúncio, por exemplo, é estruturado por dizeres (verbais e visuais) relativos fundamentalmente aos atributos do produto ou serviço divulgado, mas deixam à mostra conflitos de ideias e determinados investimentos no imaginário coletivo.

Portanto, a publicidade é um discurso que pode abranger tanto conteúdos culturais de um país extraídos das experiências globais contemporâneas quanto conteúdos específicos de um contexto local, revelando aquilo que nos torna singularmente marcantes. Em certo sentido, a publicidade funciona como um código cultural capaz de transmitir uma variedade complexa de mensagens (Rocha, 2006).

Dentre as ferramentas do processo de criação das comunicações publicitárias, Peixoto (2014) explica que a comunicação oral pode ser composta por sons, palavras e/ou música, a comunicação visual envolve texto, imagem e/ou, em alguns casos, cor, e a comunicação audiovisual é uma combinação simultânea de elementos orais, visuais e movimento. Conforme destacado pelo autor: "a publicidade concilia de maneira perfeita som, imagem e vídeo, potencializando todas as possibilidades oferecidas pela tecnologia computacional e explorando habilmente a multimídia" (Peixoto, 2014, p. 859). Além disso, Carrascoza (2014) menciona que esse processo de seleção, evidente na criação publicitária, segue as diretrizes do planejamento criativo ao dialogar com os valores da época e apresentar os aspectos positivos de um produto/serviço ou marca.

Percebe-se, portanto, o caráter criador e reflexivo da publicidade em seu contexto sociocultural. Para reforçar essa compreensão, Lampreia (1992) ensina que a publicidade vai além de ser apenas um agente social ou um espelho da sociedade em que atua, uma vez que implica e divulga uma determinada cultura.

Considerando essas questões e estabelecendo uma correlação com os princípios retóricos, compreende-se que: (I) a publicidade busca suas fontes na sociedade global e local; (II) ela constrói seu discurso com base nas características identificadas e nas projeções ideológicas do público-alvo; e (III) ela transmite esse discurso reelaborado, alimentando o reservatório cultural da sociedade. A publicidade desempenha um papel influente como instituição de socialização contemporânea e, por meio das comunicações de massa, exerce um papel fundamental na formação da identidade individual, inclusive influenciando as dinâmicas familiares ao mediar e criar desejos.

1.2 HIBRIDIZAÇÃO DA PUBLICIDADE E PUBLICIDADE CONTRAINTUITIVA: TENDÊNCIAS CONTEMPORÂNEAS

A publicidade desempenha um papel de destaque na criação e reflexão das práticas sociais, e uma de suas principais virtudes é a capacidade constante de se atualizar e adaptar às diferentes épocas. Por essa razão, o discurso publicitário dá pistas das representações sociais no contexto em que atua, pois "cria um ambiente cultural próprio, um novo sistema de valores" (Carvalho, 2004, p. 11). Portanto, é importante compreender brevemente o processo de hibridização da publicidade e a sua natureza contraintuitiva, a fim de melhor entender o contexto midiático da *outvertising* e da campanha "Como explicar?", do Burger King Brasil.

No contexto da capacidade de adaptação da publicidade, Covaleski (2010) observou a transição de uma mídia de massa para uma mídia segmentada. Essa mudança permite que o consumidor evite interrupções no conteúdo editorial e/ou artístico causadas pela publicidade, inevitavelmente, por meio de pausas comerciais e anúncios.

Nesse sentido, de acordo com o autor anteriormente citado, a incorporação de elementos como entretenimento e interatividade na linguagem publicitária resulta na hibridização entre esses elementos e as funções originais da publicidade, quais sejam, informar e persuadir. As estratégias de hibridização da linguagem publicitária permitem que ela desempenhe simultaneamente papéis de persuasão, entretenimento e interação, transformando-se em um novo produto midiático: o entretenimento publicitário interativo.

Ao considerar esse processo de hibridização da publicidade, os profissionais de criação passaram a levá-lo em conta, consciente ou inconscientemente, na concepção de campanhas publicitárias. Nas plataformas digitais de redes sociais, as campanhas veiculadas buscam alcançar o contágio[6] por meio da incorporação de elementos de persuasão, entretenimento e interação. Essa abordagem é facilitada pela própria arquitetura dessas plataformas, que permitem aos usuários interagir com o conteúdo que circula nelas.

Além da hibridização da publicidade, é importante analisar também a publicidade contraintuitiva. Nesse sentido, o discurso publicitário está presente no cotidiano da vida em sociedade, destacando estereótipos, modelos, representações e identidades. As narrativas publicitárias contêm visões de mundo que sustentam os sistemas de pensamento de grupos sociais em relação à sociedade, e seus discursos defendem, reforçam e legitimam lógicas e interesses de mercado.

Rocha (2006, p. 15-16) traz reflexões importantes quanto à função da publicidade:

> A função manifesta do anúncio publicitário é, obviamente, vender, abrir mercado, aumentar consumo. Mas será que essa é a sua única e exclusiva tarefa? Será que não se pode pensar que a publicidade faz mais coisas? Será que toda essa tamanha parafernália - tempo, pessoas, espaço, dinheiro, tecnologia -, implicada no anúncio e incorporada de forma tão enfática em nossa vida social, não pode estar realizando mais do que vender um produto ou serviço? De fato, acreditar que os anúncios publicitários apenas vendem coisas é supor a exatidão absoluta dessa mensagem como se fosse possível a inexistência da polissemia. O que se diz teria de ser exatamente o que se diz, e o que se ouve, exatamente, o que se ouve.

Conclui-se que nem sempre os anúncios publicitários trazem explicitamente uma necessidade de vendas, visto que apresentam uma narrativa com propósito social e deixam, muitas vezes, a marca anunciante em segundo plano. Nesse sentido, a função da publicidade vai além da venda de bens e consumo, estabelecendo uma relação especular com a realidade social. Os anúncios são narrativas sobre as vidas das pessoas e seu estudo pode apontar discussões importantes para compreender as representações sociais.

Flausino e Motta defendem que uma das principais características do discurso publicitário, e que também permeia suas formas de percepção, é a explicitação do seu objetivo de fomentar o consumo. Nesse

---

[6] O termo "contágio" é utilizado por Carrascoza (2014) para se referir às publicidades que possuem um alto alcance de pessoas impactadas.

sentido, os autores destacam que "podemos observar que o público-alvo de algumas campanhas (e mesmo aqueles que não são considerados como tal) consome não apenas o produto ou estilo de vida, mas a narrativa que serve como suporte para a indução à compra" (Flausino; Motta, 2007, p. 90-91).

Propõe-se, portanto, abordar um incentivo ao consumo em seu caráter mais amplo, que engloba desde o consumo do conteúdo midiático até a aquisição de um determinado produto ou serviço. A publicidade, enquanto narrativa, revela valores que influenciam práticas sociais, atribui significados à vida das pessoas e orienta as formas pelas quais elas se relacionam com coisas e outras pessoas. É fundamental, portanto, estudar a publicidade como uma forma de narrativa capaz de explorar esses aspectos.

É no ato da recepção que o público consumidor realiza cognitivamente o encadeamento narrativo integral, preenchendo as lacunas de significação, estabelecendo referencialidades, reconfigurando histórias para a obtenção de identificação, realizando a fruição e a fusão de horizontes de expectativas.

Desde sua gênese, no processo de criação publicitária, até a veiculação dos anúncios, as narrativas da publicidade carregam consigo símbolos, mitos e estereótipos que contribuem para a construção de uma cultura compartilhada. Dessa forma, por meio de um discurso estruturado, ocorre o encadeamento das ações realizadas pelos personagens, seguindo uma sequência temporal que leva a um desfecho feliz. É o espaço do não conflito (Flausino; Mota, 2007).

Numa perspectiva crítica, esse espaço de ausência de conflito direciona a mídia para reforçar estereótipos, potencializando a manutenção de grupos que se beneficiam dessa realidade, ou seja, grupos hegemônicos. A partir disso, é possível visualizar uma estrutura complexa de criação, fortalecimento e dissolução de estereótipos na mídia. O termo "mídia" está relacionado a "uma variedade de fenômenos, eventos e transformações que envolvem a política, o jornalismo, a publicidade, o *marketing*, o entretenimento, em diferentes meios" (Guazina, 2007, p. 55), o que evidencia sua complexidade ao influenciar e ser influenciada pela cultura atual.

No contexto discursivo da publicidade, observa-se a construção ideológica de cenários não apenas perfeitos, mas também estáveis, muitas vezes isentos de tensões, ou que as apresentam de forma conveniente e superficial, invariavelmente favoráveis aos produtos ou serviços em destaque. Contudo, o uso excessivo de certos recursos retóricos comuns na publicidade suscita uma desconfiança em relação às representações sociais frequentemente associadas à positividade do universo mercadológico. Portanto, a publicidade se vê compelida a "explorar o âmbito negativo", adaptando sua estratégia persuasiva, embora seja importante ressaltar que essa abordagem tem alcance limitado e não é aplicável, evidentemente, à totalidade do mercado (Carrascoza, 2014).

A busca por uma abordagem mais persuasiva e pela amplificação da capacidade mnemônica na construção de significados impulsiona o surgimento da publicidade contraintuitiva. Conforme apontado por Leite (2009), a publicidade contraintuitiva representa um esforço do domínio publicitário em direção ao deslocamento de conteúdos ancorados em estereótipos negativos. Esse esforço se manifesta por meio da introdução de membros pertencentes a grupos minorizados em contextos "novos/diferentes" e em situações prestigiosas, visando assim fomentar um processo de aprendizado renovado e estimular novas associações.

Ao entender o termo contraintuitivo como algo que desafia o senso comum (Fry, 2007 *apud* Souza; Tavares, 2022, p. 4), compreendemos que a principal finalidade da publicidade contraintuitiva, além de seu caráter mercadológico, pode ser identificada por sua proposta de estimular o processo de dissociação de antigos estereótipos negativos fixados na memória implícita e explícita dos indivíduos (Leite, 2008, p. 132).

> Em linhas gerais, a publicidade contraintuitiva serve como um estímulo para o processo de reavaliação de crenças negativas e ultrapassadas pré-estabelecidas sobre determinada minoria social. A publicidade recorrentemente utiliza da comunidade LGBTQIA+, por exemplo, para piadas estereotipadas carregadas de sensibilidade feminina exagerada, características que conotam homossexualidade, e que diminuem o papel da mulher e reafirmam uma heteronormatividade compulsória (Souza; Tavares, 2022, p. 4-5).

No contexto atual da sociedade hipercomunicativa, surgem novas estratégias adotadas pelas narrativas publicitárias, como a hibridização e a contraintuitividade. Dessa forma, estabelecemos as bases para o surgimento da publicidade fora do armário.

1.3 HISTÓRICO DA REPRESENTAÇÃO E VISIBILIDADE DE PESSOAS LGBTI+ NA PUBLICIDADE

Diante do contexto atual, as estratégias discursivas da publicidade têm considerado a contraintuitividade, bem como sua responsabilidade social na manutenção da sociedade de consumo. Um exemplo disso é a campanha "Como explicar?" veiculada pelo Burger King Brasil em 2021, que evidencia um maior ativismo das marcas ao abordar questões de identidades de gênero e sexualidades. Nesse sentido, este subcapítulo visa apresentar uma trajetória histórica da representação e visibilidade das pessoas LGBTI+ na publicidade, abrangendo o período de 1979 a 2021, levando em consideração a escassez de estudos sobre o tema.

Este tópico se concentra principalmente em dois autores: André Iribune (2008) e Leonardo Mozdzenski (2019). Seu objetivo é ampliar a compreensão desta linha temporal, abrangendo questões históricas, políticas e culturais relacionadas ao assunto.

Em sua tese doutoral[7], Iribune (2008) catalogou e analisou as representações das homossexualidades nas publicidades e propagandas veiculadas na televisão brasileira entre os anos de 1979 e 2008. Segundo o autor, antes de 1979, não houve representação explícita da temática tratada na publicidade televisiva do país, ou, então, de forma muito sutil, pois não foi encontrada qualquer menção a comercial que retratasse pessoas de orientações sexuais diversas.

A partir da análise de conteúdo, o pesquisador catalogou e categorizou 35 anúncios que retrataram a homossexualidade, classificando-os em duas categorias: estereotipados e desconstrucionistas. Foram identificadas 21 peças classificadas como estereotipadas, que foram subdivididas nas categorias "Denorex - parece, mas não é"[8] e "Saindo do armário - parece o que é", de acordo com o autor. Por outro lado, as peças desconstrucionistas totalizaram 14 anúncios e foram subcategorizadas como "Propaganda, políticos por natureza" e "Coragem de mudar (publicidade comercial)". A seguir, é apresentada uma tabela para facilitar a visualização das classificações propostas por Iribune.

---

[7] Tese de doutorado intitulada: "As representações das homossexualidades na publicidade e propaganda veiculadas na televisão brasileira: um olhar contemporâneo das últimas três décadas".

[8] A subcategoria "Denorex - parece, mas não é" faz referência ao comercial, veiculado na década de 1980, do xampu anticaspa. Denorex aparentava ser um xampu, porém removia a caspa, sendo valorizado o aspecto de parecer o que não é, em razão do cheiro desagradável dos produtos do segmento. Portanto, a expressão "Denorex - parece, mas não é" tornou-se um jargão para se referir a tudo que seria uma falsa aparência. Nesse sentido, incluem-se os homens gays que aparentavam serem heterossexuais num olhar hegemônico.

Tabela 1 – Representações das homossexualidades nas publicidades e propagandas veiculadas na televisão brasileira entre os anos de 1979 e 2008

Categoria	Quantidade	Subcategoria	Quantidade
Estereotipadas	21	Denorex - parece, mas não é	10
		Saindo do armário - parece o que é	11
Desconstrucionistas	14	Propaganda, políticos por natureza	6
		Coragem de mudar (publicidade comercial)	8

Fonte: adaptado de Iribune (2008)

As representações estereotipadas reforçam a construção histórica que estigmatiza as pessoas LGBTI+, colocando-as sob a regulação nas relações de poder. "Os personagens são colocados na lógica da heterossexualidade, sob regulação pelo que dizem pensam vestem, trejeitos, fala dos locutores, cenário, edição, valor simbólico do produto" (Iribune, 2008, p. 213). A subcategoria "Denorex - parece, mas não é" indica a representação que não é efetivamente homossexual, apenas sugerindo uma existência fora da norma. Por outro lado, a subcategoria "Saindo do armário - parece e o que é" expressa as representações das homossexualidades por meio de elementos que efetivamente as constroem.

As representações desconstrucionistas apresentam formas alternativas à construção estereotipada das pessoas LGBTI+, sendo respaldadas por alterações sociais que buscam sua inclusão na sociedade. Nesse sentido, três dos seis comerciais da subcategoria "Propaganda, políticos por natureza" são especificamente voltados para a prevenção da Aids, sendo dois deles do Ministério da Saúde e o terceiro da ONG Associação Brasileira Interdisciplinar de Aids (Abia).

As peças da subdivisão "Coragem de mudar" abordam a homossexualidade como um desafio a ser enfrentado pela sociedade, transitando entre a regulação pelo estereótipo e a proposta de um olhar desconstrucionista. É importante ressaltar que todas as oito publicidades classificadas nessa subdivisão são provenientes do setor privado, ou seja, têm fins lucrativos e contribuem para o surgimento da tendência da publicidade fora do armário no contexto do consumo.

Nesse sentido, é apenas em 1989 que o jornal *O Globo* inicia um ambiente propício para uma publicidade pró-diversidade, utilizando a homossexualidade como forma de chamar a atenção para um produto com uma abordagem integradora e de inclusão social. Na peça, o anunciante apresenta o cantor Cazuza, já debilitado fisicamente devido à sua condição de estar publicamente enfrentando a Aids.

É relevante destacar que as publicidades classificadas como "Coragem de mudar" ainda não demonstravam uma postura com o objetivo de destacar e fortalecer a comunidade LGBTI+. No entanto, elas criaram um ambiente propício para que as marcas inaugurassem a era da *outvertising* ou "publicidade fora do armário".

A *outvertising*, um termo que combina *"out"* (saída do armário) e *"advertising"* (publicidade), traduzido como "publicidade fora do armário", foi utilizado pela primeira vez no Reino Unido, sendo cunhado pela consultoria Pride Advertising & Marketing (PrideAM). A organização produziu um manual direcionado a empresas que desejavam adotar políticas corporativas mais inclusivas, com foco em suas ações de marketing e campanhas publicitárias (Mozdzenski, 2020). Com base nesse contexto britânico, Mozdzenski amplia o conceito de *outvertising*, definindo-o como

> [...] uma tendência publicitária contemporânea mais ampla que se baseia em uma proposta de protagonismo e empoderamento da comunidade LGBT, rompendo com as representações estereotipadas historicamente atreladas às dissidências sexogendéricas (Mozdzenski, 2020, p. 25).

A definição anterior traz para os estudos da comunicação um novo olhar para questões que relacionam a diversidade de identidades de gênero e sexualidades com as comunicações, especialmente os anúncios publicitários em seu mais amplo alcance. Nessa perspectiva, resgatamos conceito da *outvertising* e seus elementos caracterizadores, para cumprir com o objetivo proposto. Ainda segundo o autor:

> É inegável constatar que, no domínio da publicidade inclusiva e pró-diversidade sexual, algo já mudou – seja devido a uma nova sensibilidade da classe empresarial, seja em virtude da necessidade de adaptação das práticas gerenciais em função dos novos cenários e exigências de consumidores mais participativos ou, ainda, seja em razão do mero desejo de lucrar com esse promissor cluster. Mesmo que estejamos

atravessando uma generalizada "onda conservadora" social e política (Almeida e Toniol, 2018), o fato é que nunca antes se testemunhou tamanha projeção nas comunicações publicitárias da visibilidade e da representatividade sexodiversas (Mozdzenski, 2020, p. 17).

Na finalidade de analisar a publicidade fora do armário, Mozdzenski realizou uma coleta de dados entre os anos de 2015 e 2019, período correspondente ao seu doutorado. O pesquisador considera o ano de 2015 como um marco importante para a *outvertising*, visto que pela primeira vez na história da joalheria norte-americana Tiffany & Co. um casal gay estampa uma campanha publicitária.

> O anúncio [em questão] exibe a foto do casal em preto e branco, com os dois homens ao ar livre, sentados muito próximos no que parece ser a escada frontal de acesso à entrada de uma casa. Um deles está tocando o joelho do outro e ambos estão sorrindo. Ao lado está uma outra foto, de um par de alianças em ouro branco, e acima das alianças o texto que inicia este artigo - e que se trata de um romântico pedido de casamento. O anúncio não possui um conteúdo muito diferente daquele que usualmente aparece nas campanhas desse tipo da marca (um casal, alianças e um pedido de casamento), com a diferença que, desta vez, o casal é formado por dois homens (Jansen, 2022, p. 144-145).

Uma análise mais atenta revela que em 2014 a mídia televisiva brasileira já veiculava sua primeira publicidade com um "beijo gay". Foi na Paraíba que, em comemoração ao Dia Mundial de Combate à Homofobia, a ONG Movimento Espírito Lilás (MEL) lançou a campanha "O amor une, a homofobia não". O filme publicitário retrata o ambiente de uma casa em que um casal feliz vive, com almofada em formato de coração, escovas de dentes lado a lado no banheiro e até mesmo uma toalha com as iniciais dos nomes. Aos 24 segundos, de forma bastante natural, o primeiro beijo gay na publicidade nacional é mostrado. O filme conclui com a frase "Respeitar a diversidade é um dever de todos" (Ursini, 2014).

Além disso, antes mesmo do anúncio da Tiffany & Co., a marca Sonho de Valsa, pertencente à empresa de alimentos Lacta, já havia retratado de forma clara e empoderada personagens com orientações sexuais diversas em suas peças publicitárias. Na campanha "Pense Menos, Ame Mais", veiculada pela primeira vez em abril de 2015, é apresentado um beijo lésbico.

Portanto, mesmo havendo um hiato catalográfico entre as pesquisas de Iribune e Mozdzenski, é relevante destacar os casos mencionados para que as ênfases nas publicidades que desafiam os padrões heteronormativos não se concentrem apenas nas regiões do Rio de Janeiro e São Paulo, também para evitar a promoção excessiva do protagonismo do homem gay branco.

Posto isto, Mozdzenski (2022) propõe uma cartografia da diversidade sexogendérica no campo da publicidade, a partir da coleta de dados realizada entre os anos de 2015 e 2019, sem objetivar catalogar todas as peças *outvertising*. Em suas palavras, buscou-se "elaborar um mapeamento abrangente a respeito das comunicações publicitárias, empregando-se como diretriz a maneira como esses anúncios se posicionam [...] diante da temática da diversidade de sexualidades e de gêneros" (Mozdzenski, 2022, p. 271).

A partir das noções de voz e visibilidade o pesquisador apresenta uma moderna classificação tipológica, mais condizente com a realidade midiática atual. Divide, portanto, em: (I) publicidade higienista; (II) publicidade coió; (III) publicidade *queerbaiting*; e (IV) *outvertising*. A seguir, será detalhada a classificação e será apresentada uma publicidade que exemplifica cada uma dessas categorias, sem a pretensão de analisar os pormenores das peças publicitárias.

Os comerciais desprovidos de qualquer representatividade quanto às identidades de gênero e sexualidades não conformantes são caracterizados como do tipo publicidade higienista. Em outras palavras, há um apagamento por parte do anunciante tanto no plano das vozes sociais LGBTI+ quanto no plano da visibilidade sexodiversa.

Um exemplo de publicidade do tipo higienista é a peça "Dia dos Namorados Riachuelo - Loucos de Amor", da Riachuelo. Neste caso, o filme publicitário, veiculado em junho de 2017, começa com a imagem de cinco casais se beijando, todos formados por um homem e uma mulher. Ao longo do anúncio, são apresentadas demonstrações de afeto entre casais que seguem um padrão cis heteronormativo, reforçando assim o caráter higienista da peça.

No que se refere ao posicionamento da Riachuelo, cumpre destacar as considerações realizadas no artigo "Do orgulho ao consumo: publicidade de fachada e as estratégias midiáticas durante o mês do orgulho LGBTI+" (Jansen, 2023). A marca em questão é reconhecida pelos lançamentos voltados para o público LGBTI+, especialmente durante o mês do orgulho.

Apesar das coleções e do suposto apoio à pauta LGBTI+ manifestado pela marca, é necessário compreender o empresário por trás dessa iniciativa. Uma matéria[9] veiculada pelo Intercept Brasil destaca o respaldo de Flávio Rocha à reeleição do ex-presidente Jair Bolsonaro, bem como seu envolvimento com a igreja evangélica Sara Nossa Terra, da qual o bispo Rodovalho é líder. Em 2017, o líder religioso redigiu um artigo no qual defendia tratamentos psicológicos direcionados a indivíduos homossexuais — um posicionamento que ficou conhecido de forma alarmante como a controversa "cura gay". No contexto da análise, torna-se evidente a impossibilidade de dissociar a imagem do empresário daquela da empresa, considerando sua função como presidente do Conselho de Administração do Grupo Guararapes, o que vai além de mera posição acionária.

No caso da "publicidade coió" (homotransfóbica), há uma explicitação da visibilidade publicitária das pessoas LGBTI+, no entanto, suas vozes sociais são apresentadas de forma pejorativa, visto que estão eivadas de estigma e preconceito por parte da marca anunciante.

A peça "Patrulheiro Havaianas" exemplifica de forma clara a publicidade coió. O diálogo apresenta tanto uma manifestação de violência de gênero, quando um dos colegas chama a namorada de um amigo de um canhão, quanto uma evidente manifestação de homofobia, quando o policial afirma que é um crime ter uma namorada e sair com dois homens. A seguir, observe o diálogo transcrito (AlmapBBDO, 2010, grifo nosso):

> *- Tem arma no carro? (questiona o guarda de trânsito).*
> *- Tinha um canhão, mas a gente já deixou a namorada dele em casa (responde em tom de ironia o homem 1).*
> *- Engraçadinho. Olha só, eu vou ter que multar vocês, viu? Dirigindo de havaianas.*
> *- Ué, seu guarda, mas quem tava dirigindo era... (explica o homem 2, percebendo que todos os três estavam de havaianas).*
> *- Ué, mas qual o problema? (questiona o ator Henri Castelli).*
> *- Artigo 252. Multa mais quatro pontinhos na carteira (responde o guarda de trânsito).*
> *- Então quer dizer que dirigir de Havaianas é crime? (questiona, novamente, o ator Henri Castelli).*
> *- Crime não! É infração!* ***Crime é você namorar a Fernanda Vasconcellos e ir à praia com dois marmanjos****. Brincadeira, hein? (responde o guarda de trânsito, encerrando o diálogo).*

---

[9] Disponível em: https://www.intercept.com.br/2021/11/02/grife-italiana-moschino-riachuelo-discursos-odio-bolsonarista/. Acesso em: 20 ago. 2023.

Apesar de ser impossível, a partir da leitura da publicidade da Havaianas, determinar a orientação sexual dos personagens que aparecem no filme publicitário, é possível perceber o discurso homotransfóbico na fala do guarda de trânsito. Ao afirmar que "crime é você namorar a Fernanda Vasconcellos e ir à praia com dois marmanjos", o anúncio evidencia, de forma pejorativa, que as vivências de sexualidades que fogem do padrão heteronormativo deveriam ser enquadradas como crime.

A combinação entre o apagamento da visibilidade sexodiversa e a valorização das vozes sociais LGBTI+ caracteriza a prática conhecida como *queerbaiting* na publicidade. Nesse tipo de abordagem, há uma mínima representatividade no anúncio, porém, essa representatividade não é perceptível para o público em geral. Apenas aqueles que conseguem interpretar os indícios e símbolos ocultos deixados pelos criadores são capazes de perceber algum tipo de "engajamento" da marca com a temática LGBTI+. Ao não se comprometer explicitamente com a promoção da diversidade de identidades de gêneros e sexualidades, esse tipo de anúncio acaba prejudicando a agenda em vez de contribuir para ela.

> Ao apresentar apenas indícios e traços sutis de alusão ao imaginário LGBT, tais anúncios buscam estabelecer alguma forma de "cumplicidade" com esses consumidores – sempre carentes de representatividade midiática –, sem o risco de perder sua clientela homotransfóbica (Mozdzenski, 2021, p. 15).

Na animação do Bradesco #2019FaçaAcontecer[10], com duração de 2 minutos e 30 segundos, veiculada em dezembro de 2018, ocorre um momento significativo aos 42 segundos, quando a câmera se concentra em dois homens que estão jantando e tomando vinho em um restaurante. Inicialmente, não há demonstrações claras de afetividade, tornando difícil determinar se se trata de um encontro entre colegas, amigos, companheiros, namorados ou cônjuges. No entanto, aos 50 segundos, com uma mudança no enquadramento da câmera, que os coloca em segundo plano, é possível observar que eles estão de mãos dadas sobre a mesa, indicando um relacionamento afetivo.

Por fim, quando se está diante de uma publicidade cuja representatividade de identidades de gênero e sexualidades respeita tanto as vozes sociais quanto o retrato visual das dissidências de gêneros e sexuais na peça publicitária, temos a *outvertising*. Os anúncios, com diferentes graus de aderência e exposição, têm em comum o fato de as marcas e os anunciantes

---

[10] Disponível em: https://www.youtube.com/watch?v=xmXtqDUoyxI. Acesso em: 22 dez. 2023.

assumirem expressamente uma postura de apoio às realidades identitárias disruptivas, ou seja, que apresentam uma nova perspectiva em relação à diversidade de identidades de gênero e sexualidades.

Consideramos a campanha "Como explicar?", do Burger King como um exemplo de *outvertising*. No entanto, é importante mencionar outro exemplo para ampliar a compreensão do leitor sobre o tema. Nesse sentido, durante a final da 21ª edição do Big Brother Brasil (BBB), a marca de cerveja Amstel apresentou o filme publicitário intitulado *"I am what I am"*, que contou com a participação de artistas LGBTI+: Pabllo Vittar, Mateus Carrilho, Marcela Mc Gowan, Heey Cat, Pepita, Bielo Pereira e Raphael Dumaresq. A marca destaca a diversidade existente na própria comunidade LGBTI+, rompendo com estereótipos negativamente construídos.

> Ao esmiuçar os elementos que compõem a peça principal da campanha, cumpre destacar os textos que surgem no vídeo, enquanto aparecem os artistas em cenas: "*I am what I am. I am a star. I am persistente. I am intensa. I am poderosa. I am a creator. I am arte. I am resistência. Você é o que você quiser. I am orgulho. I am livre. I Amsterdam. I Amstel - todo mundo é bem-vindo*". Intensificando, o discurso empoderador do texto, o contexto visual em que as personagens anteriormente citadas aparecem denota o empoderamento dos artistas em situações que não os marginaliza ou coloca-os em posição inferioridade (Jansen; Andrade, 2021, p. 105).

Percebe-se, portanto, que a escolha das personalidades destacadas na campanha em análise, bem como a linguagem utilizada, contradizem o histórico das publicidades de cervejas no Brasil e os estereótipos de identidades de gênero e sexualidades construídos pela mídia.

A seguir, é apresentado um quadro para facilitar a visualização da cartografia proposta por Mozdzenski.

Quadro 1 – Mapa da cartografia da diversidade sexogendérica no campo da publicidade

Tipo	Visibilidade	Voz
Publicidade higienista	Apagamento	Explicitação
Publicidade coió	Explicitação	Abordagem pejorativa
Publicidade *queerbaiting*	Apagamento	Valorização
Outvertising	Explicitação	Valorização

Fonte: elaborado pelo autor, com base no mapa de Mozdzenski (2019)

Para que um anúncio publicitário seja considerado *outvertising*, Mozdzenski (2019) identifica cinco aspectos complementares que o caracterizam. São eles: (I) utilização de representantes diversificados da comunidade sexodissidente; (II) a mensagem da propaganda deve ser inerentemente pró-LGBTI+; (III) a peça publicitária deve evitar toda forma de estereótipo discriminatório; (IV) a alusão à sexualidade e ao afeto estão presentes como uma potência política da peça publicitária; e (V) coerência entre a mensagem do anúncio, o produto anunciado e as práticas gerenciais adotadas pela organização/empresa.

A partir desses elementos caracterizadores da *outvertising*, será apresentada a seguir, a campanha "Como explicar?", do Burger King Brasil.

1.4 "COMO EU VOU EXPLICAR ISSO A UMA CRIANÇA?"

"Sempre tem um adulto que, quando vê algo relacionado a LGBTQAI+, pensa: como eu vou explicar isso pra uma criança? Mas, ao contrário do que eles pensam, as crianças acham esses assuntos muito simples" (BURGER KING, 2021). Esse é o texto que consta na descrição no filme publicitário "Burger King | Como explicar?", lançado no canal do YouTube da marca, em 23 de junho de 2021. No momento da escrita deste livro, o vídeo não estava mais disponível publicamente e seu acesso foi alterado para o status de "não listado" na plataforma, ou seja, só pode ser assistido e compartilhado por qualquer um que possua o link, mas não aparece nos resultados da pesquisa ou em outras guias. Entretanto, na última consulta realizada em 13 de fevereiro de 2022, o filme contabilizava 5.605.515 visualizações.

O vídeo inicia com várias crianças, acompanhadas de seus pais e mães, entrando em um ambiente que parece com uma sala. Elas entram, se acomodam e então aparece um *lettering* na tela: "Não sabe como explicar LGBTQIA+ para crianças?", seguido de mais imagens de crianças com seus pais e novo *lettering*: "Aprenda com eles:". Na sequência, as crianças começam a dar seus depoimentos: "Pra mim todo mundo pode amar todo mundo"; "Eu acho que pode se casar com homem, pode se casar com mulher"; "Quando eu vejo dois homens de mãos dadas, são dois homens de mãos dadas"; "Eu nunca tive uma madrasta, só quando a mamãe contou que a mamãe namorava com ela aí que eu percebi que eu tinha uma madrasta"; "Eu conheço gay, eu conheço trans, conheço lésbica, ... o que é que eu conheço mais, quem é?"; "Na minha casa tem o T de trans, o G de gay, essa é a melhor família que eu podia ter"; "Não tem problema nenhum"; "A criança pode viver o mundo de outro jeito e ela pode acabar ensinando pro pai". Depois desses depoimentos aparece novo *lettering*: "Se eles conseguem, você consegue". Em seguida a cena corta para crianças e pais se abraçando e sorrindo, com novo corte para a mensagem "No BK todo mundo é bem-vindo". Novo corte e, ao final, uma criança diz: "Quer que eu explique mais alguma coisa?". Entra corte para assinatura seguida de tela onde consta: "Apoio: Mães pela Diversidade e Parada do Orgulho LGBT de São Paulo - APOGLBT".

Além do propósito pedagógico da publicidade, o Burger King realizou uma doação à ONG Mães Pela Diversidade, em parceria com a qual lançou uma cartilha[11] contendo orientações e instruções para aqueles interessados em aprofundar seu conhecimento sobre a temática. Esse guia apresenta, de maneira didática e lúdica, os significados de termos e expressões pertinentes a esse campo, como "sexualidade", "identidade de gênero", "papel sexual" e "orientação afetivo-sexual", entre outros (Alves, 2021). Adicionalmente, a concepção da campanha contou com a participação de especialistas e indivíduos LGBTI+.

Considerando os enquadramentos propostos por Mozdzenski, é possível identificar elementos característicos da *outvertising*, incluindo a coerência entre a mensagem do anúncio e as práticas gerenciais adotadas pelo Burger King, pelo menos no contexto da produção e divulgação desta campanha.

Para reforçar essa afirmação, é relevante direcionar o olhar para as políticas de recrutamento da empresa, que podem ser observadas no site oficial[12]. Nesse espaço eletrônico, as pessoas podem se candidatar a vagas de emprego. Logo na página inicial, encontra-se a seguinte chamada: "Aqui todo mundo é **bem-vinde!** Investimos continuamente na atração e desenvolvimento de uma cultura inclusiva. Aqui na nossa empresa, todo mundo é **bem-vinde**. Temos vagas para **todes**: pessoas com deficiência, de todas as cores, gêneros, idades e formas. Aqui, você pode ser do seu jeito! Além disso, para promover ainda mais a diversidade aos nossos clientes, nós também somos patrocinadores máster da maior parada LGBT do mundo (São Paulo)" (Burger King Brasil, grifo nosso).

Destaca-se a opção discursiva pelo uso da "linguagem neutra", evidenciada pelos termos "bem-vindes" e "todes". Por meio desses termos, a marca se posiciona com a intenção de incluir pessoas cujas identidades

---

[11] Disponível em: https://www.burgerking.com.br/pdf/cartilha-lgbt.pdf. Acesso em: 4 nov. 2023.
[12] Disponível em: www.fomededesafio.com.br. Acesso em: 13 fev. 2022.

de gênero não se enquadram nos binarismos tradicionais de homem ou mulher, reforçando, assim, que a diversidade de identidades engloba uma variedade de performances de gênero.

Ademais, a empresa destaca outros marcadores sociais, como "[...] pessoas com deficiência, de todas as cores, gêneros, idades e formas", demonstrando o engajamento com diversas questões que atuam de forma específica, mas que estão interconectadas. É importante observar que essas estratégias são técnicas de marketing utilizadas para valorizar a identidade da marca e fortalecer sua posição no mercado.

Considerando o posicionamento da marca, é relevante mencionar a agência de publicidade responsável pelo processo criativo. A David surge como uma extensão do legado deixado por David Ogilvy, renomado publicitário inglês e fundador da Ogilvy & Mather. Atualmente, a agência possui sedes em Bogotá, Nova York, Miami, Madrid, Buenos Aires e São Paulo. Embora haja poucas informações disponíveis em seu site institucional sobre a missão, visão e valores da empresa, é possível encontrar uma breve descrição da agência:

> Nós somos a DAVID. Nascida no legado de David Ogilvy, pioneiro da publicidade moderna. Uma agência de primeiro nome. E, por isso, acreditamos em *firsts*. Sim: *firsts*. Ideias que criam conversas pela primeira vez. Ideias que você nunca viu antes. Que apontam a direção, definem a cultura. Que constroem marcas para clientes que querem ser *first* (David).

Por outro lado, é possível identificar uma variedade de trabalhos realizados em benefício dos clientes, nos quais a temática da diversidade e inclusão está presente. Um exemplo notável é a campanha intitulada "Essa Coca é Fanta"[13], criada pela agência David São Paulo para a Coca-Cola. Essa campanha recebeu reconhecimento, tendo sido premiada com dois Leões de Ouro e um Leão de Prata na categoria Media durante o Festival Internacional de Criatividade de Cannes, considerado o mais importante prêmio na indústria da publicidade global (Sacchitiello, 2018).

É importante ressaltar que buscamos entrar em contato com a agência com o intuito de coletar informações relacionadas à estratégia criativa adotada na campanha. No entanto, não obtivemos sucesso em nossa tentativa.

---

[13] A frase "Essa Coca é Fanta" é uma "piada" corriqueira no Brasil para se questionar a orientação sexual dos indivíduos. A frase tem como significado que uma pessoa com aparência heterossexual é na verdade homossexual (ou apenas se sugere que é). O filme publicitário em questão, está disponível em: https://www.youtube.com/watch?v=IH-CZofGIcU. Acesso em: 12 jan. 2023.

De acordo com nossa perspectiva, identificamos uma certa distância entre o mercado publicitário e os estudos acadêmicos. Além disso, também é necessário considerar as preocupações e restrições relacionadas à divulgação de determinadas informações, devido às relações contratuais de confidencialidade estabelecidas entre as agências e seus anunciantes.

Apesar do tangenciamento crítico à campanha, propôs-se, neste tópico, descrever e contextualizar a campanha "Como explicar?", do Burger King. Posteriormente, se dedicará a uma perspectiva analítica e teórico-metodológica, abordando o objeto e suas repercussões.

2

ATIVISMOS EM MOVIMENTO: POR UMA ABORDAGEM INTERSECCIONAL

> *[...] não se trata mais dessa coisa de assumir, de ter que 'ser aceito' - nada disso. O que a gente quer é acabar com essa história de que a nossa vida deve ter limites (e aqui a coisa se aproxima muito do movimento feminista)*
> *(Silva, 1997, p. 14 apud Quinalha, 2017, p. 279)*

As aspas que abrem este capítulo foram proferidas por Aguinaldo Silva, por muitos considerado um dos escritores brasileiros censurado pela ditadura, ao ser questionado sobre o porquê da existência do *Lampião da Esquina*, jornal que abraçava e defendia a causa homossexual brasileira e circulou durante os anos de 1978 e 1981. O trecho também indica uma aproximação entre as reivindicações dos movimentos feministas e do movimento LGBTI+, que, anos depois, viria a desembocar na noção de interseccionalidade, que guiará o presente livro.

Para fortalecer o argumento em favor da abordagem interseccional, João Silvério Trevisan (2023), ativista da comunidade LGBTI+ e um dos fundadores do *Lampião da Esquina*, expressou em uma entrevista ao *podcast Põe na Roda Cast*[14] que os movimentos feministas e antirracistas têm ensinado como conquistar espaços na sociedade cis heteronormativa e patriarcal. Os resultados das lutas obtidas por esses movimentos podem inspirar a comunidade LGBTI+.

Em relação à *outvertising* ou publicidade fora do armário, entendida como uma tendência da comunicação contemporânea, que se constitui por anúncios desconstrucionistas e contraintuitivos, que conferem representatividade e protagonismo aos membros da comunidade LGBTI+, Mozdzenski (2019), pesquisador responsável por propor uma ampliação do termo no Brasil, argumenta que a publicidade fora do armário, assim como o movimento LGBTI+, é intrinsecamente interseccional.

---

[14] Disponível em: https://open.spotify.com/episode/7w2KBXSMDes542yfsNWNAR. Acesso em: 8 out. 2023.

Ou seja, em sua configuração, devem ser consideradas outras pautas além da sexualidade e da identidade de gênero. Devem ser igualmente visibilizadas questões como raça/etnia, membros marginalizados no interior do próprio grupo (e.g., gays femininos, lésbicas masculinas, travestis, transexuais etc.), "corpos diferentes" – gordos, idosos, portadores de deficiência, etc. (Hoff, 2016) – e assim por diante. Dessa forma, objetivando assegurar efetivamente a representatividade LGBT, as campanhas do outvertising tidas como autênticas não se limitam a retratar homossexuais estandardizados (homens e mulheres brancos, das classes privilegiadas, com corpos esbeltos, etc.) (Mozdzenski, 2019, p. 186).

Conscientes de que essa abordagem interseccional demanda aprendizagem coletiva, é essencial ampliar não apenas os espaços de fala ou de expressão, mas também os espaços de escuta. Nesse contexto, este capítulo explora uma trajetória que engloba os movimentos feministas, antirracistas e LGBTI+, com ênfase na realidade brasileira. Não se pretende esgotar as discussões sobre os movimentos, muito menos detalhar seus pormenores, mas apresentar discussões que fornecerão o contexto para a análise posterior das repercussões destacadas na introdução deste estudo, quais sejam: (I) *hashtags* "#BurgerKingLixo" e "#BurgerKingNuncaMais", no Twitter; (II) crítica do apresentador Sikêra Jr., durante o programa *Alerta Nacional*, da RedeTV!; (III) Projeto de Lei (PL) n.º 504/2020, em tramitação na Assembleia Legislativa do Estado de São Paulo; e a (IV) Representação n.º 135/21 do Conselho Nacional de Autorregulamentação Publicitária (Conar).

2.1 MOVIMENTOS FEMINISTAS: UMA PERSPECTIVA TRANSFEMINISTA

Com o objetivo de analisar os movimentos feministas e suas influências para o movimento LGBTI+, este subcapítulo percorrerá as três ondas do feminismo, focando, particularmente, na terceira onda e destacando o transfeminismo, que traz uma nova abordagem acerca do conceito de gênero, estabelecendo maior conexão com o ativismo LGBTI+.

Para compreender as ondas do feminismo, Zirbel (2021) explica que, em 1968, a feminista Martha Weinman Lear escreveu um artigo no jornal *New York Times*, intitulado "A segunda onda feminista". Nele, Lear se referia à luta de milhares de mulheres pelo direito de votar no final do século 19 e início do 20, denominando-a como uma espécie de onda do feminismo e anunciando o surgimento ou formação de outra onda. Algumas décadas depois, em 1992, Rebecca Walker publicou o ensaio "Tornando-se a terceira onda", defendendo que as lutas feministas estavam longe de terminar e se comprometendo a continuar com elas. A metáfora das ondas se tornou um modo de designar períodos de grande mobilização feminista, bem como de produções teóricas inovadoras.

Por muito tempo, a metáfora da onda também foi utilizada para destacar pautas específicas ou momentos históricos particulares. Esses momentos eram considerados como o "auge" ou o momento de maior força de cada onda. Contudo, assim como uma onda marítima é formada por um conjunto de fenômenos, é possível conceber as ondas do feminismo de forma mais orgânica, não como algo que surge repentinamente na realidade social e desaparece após certo tempo. Podemos compreendê-las de maneira contínua, geradas pela ação de milhares de mulheres, de diferentes localidades, etnias, gerações e perspectivas de mundo.

Considerando as noções de ondas dos feminismos, Siqueira (2015) explica que as teorias feministas compreendem os primeiros indícios de um movimento minimamente estruturado de reivindicação das mulheres, localizados em meados do século 19. Nesse período, as reivindicações feministas estavam fortemente atreladas aos direitos sociais e econômicos, como o direito ao voto e ao trabalho (Kravutschke, 2023).

A primeira onda do feminismo ocorreu entre o final do século 19 e o começo do século 20, caracterizando-se principalmente pelo "ataque às diferenças discriminatórias e insustentáveis entre homens e mulheres; se aqueles podem trabalhar e participar da condução da vida política da comunidade, não há razão para que essas também não possam fazê-lo" (Siqueira, 2015, p. 330).

Comumente argumenta-se que as protagonistas da primeira onda do feminismo eram mulheres pertencentes à classe média. No entanto,

> [...] a maioria das manifestantes presentes nas grandes manifestações que deram visibilidade a essa onda era da classe trabalhadora, lutando contra as péssimas condições de vida e trabalho a que estavam submetidas. Em comum, partilhavam com as feministas de outras classes a esperança de que, uma vez obtido o direito de votar e o acesso aos lugares de decisão política, seria possível alterar as leis e instituições que as exploravam e oprimiam como mulheres e como trabalhadoras (Zirbel, 2021).

Já a segunda onda do feminismo buscou focalizar aspectos específicos da mulher, defendendo o reconhecimento e proteção das suas peculiaridades. A mulher era detentora de um corpo e uma história peculiares e socialmente subordinados, aspectos que mereciam ser explorados. Nesse período, o feminismo atribuiu prioridade às lutas pelo direito ao corpo, ao prazer e contra o patriarcado, que era entendido como o domínio dos homens sobre a subordinação das mulheres (Pedro, 2005).

No início do movimento feminista de segunda onda, a terminologia "gênero" não era utilizada. A categoria adotada na época era "mulher", concebida em oposição à palavra "homem", considerado universal. "Quando se queria dizer que as pessoas são curiosas, por exemplo, dizia-se de forma genérica 'o homem é curioso'" (Pedro, 2010, p. 80).

Cumpre destacar que esse uso do "masculino genérico", isto é, para se referir a todas as pessoas, ainda hoje, está presente nas mais diversas culturas. Perez (2022) explica que a palavra "homem" é utilizada de forma tão ambígua que se torna impossível determinar se ela se refere a pessoas do sexo masculino ou à espécie humana como um todo. Essa cultura dominada pelo masculino resulta em uma experiência e perspectiva masculinas consideradas universais, "enquanto que a experiência feminina - que abrange a metade da população global - é vista, bem, como um nicho" (Perez, 2022, p. 28).

Considerando que "a categoria 'mulheres' foi universalizada a partir da representação política da mulher branca de classe média" (Kravutschke, 2023, p. 24), a terceira onda do feminismo abrange as tentativas de desconstruir a categoria "mulher" como um sujeito coletivo unificado que compartilha as mesmas opressões, problemas e histórias. Trata-se de reivindicar a valorização da diversidade dentro dessa categoria. As mulheres plurais não são idênticas aos homens, conforme as ideias dos feminismos de segunda onda, mas também não são todas iguais entre si, pois enfrentam as consequências das diferenças em outros aspectos, como raça, classe, localidade ou religião (Siqueira, 2015).

Nesse contexto, feministas latinas, negras, revolucionárias, proletárias, lésbicas, pró-sexo, antipornografia, dentre outras, desempenharam um papel fundamental nos debates feministas ao longo do século 20, destacando a notável diversidade do movimento. Com o avanço das novas tecnologias de comunicação, esses grupos alcançaram maior visibilidade no início da década de 1990, lado a lado com as feministas brancas e de classe média que a mídia tradicional já colocava em evidência. Ademais, as ferramentas conceituais desenvolvidas na década anterior, como os conceitos de gênero, interseccionalidade, consubstancialidade do poder, conhecimento situado, entre outros, ultrapassaram as fronteiras acadêmicas, onde foram originados (Zirbel, 2021).

A interseccionalidade do feminismo da terceira onda é fundamental para compreender as opressões que afetam as mulheres de forma complexa e articulada. Essa perspectiva reconhece que as mulheres não são um grupo homogêneo e que as opressões que afetam uma mulher podem ser diferentes das que afetam outra. Portanto, é importante que os feminismos sejam inclusivos e abertos à diversidade, para que todas as mulheres possam se sentir representadas e incluídas nas lutas feministas.

Considerando que "a busca por uma universalidade é excludente" (Kravutschke, 2023, p. 33), Letícia Nascimento (2021), primeira mulher travesti a ocupar uma cátedra em uma universidade pública piauiense, traz reflexões importantes acerca dos estudos feministas. Sua perspectiva transfeminista vislumbra uma nova abordagem acerca do conceito de gênero, tangenciando mais diretamente o ativismo LGBTI+.

Segundo a pesquisadora, "não somos naturalmente generificados, mas há um processo de produção de nós, de nossos gêneros, de nossos corpos" (Nascimento, 2021, local. 122). Nesse sentido, Nascimento levanta questionamentos sobre a possibilidade de definir as sujeitas dos feminismos sem recorrer a uma matriz biológica. Afinal, em grande parte dos estudos feministas, o conceito de gênero é permeado pelas dimensões culturais e históricas, buscando destacar as diversas maneiras de vivenciar as feminilidades e as experiências das mulheres. Por outro lado,

> [...] ainda circulam discursos bioessencialistas que buscam condicionar o gênero aos aspectos anatômicos de diferenciação sexual. Por isso, ao engendrar esforços em fomentar a discussão sobre gênero por meio de alguns desdobramentos históricos, políticos e epistemológicos, procuro evidenciar a necessidade constante de desnaturalização dessa categoria para que possamos abarcar cada vez mais experiências de mulheridades e feminilidades, como as vivenciadas pelas mulheres transexuais e travestis (Nascimento, 2021, local. 172).

Em síntese, pode-se observar que não é a anatomia biológica que determina o gênero, mas o gênero que molda o próprio processo pelo qual os corpos se materializam. Conforme colocado por Letícia Nascimento

(2021, local. 317), "não somos nossos corpos, nós fazemos nossos corpos". Essa compreensão é norteadora para combater discursos de ódio que se baseiam em conceitos bioessencialistas de gênero como uma forma de opressão contra as mulheres.

Para ilustrar e exemplificar essa opressão, apresenta-se brevemente o caso do deputado federal pelo estado de Minas Gerais Nikolas Ferreira, que, em 8 de março de 2023, no Dia Internacional da Mulher, discursou na Câmara dos Deputados usando uma peruca loira, identificando-se como "deputada Nikole" e reivindicando seu "lugar de fala". Ele afirmou que "as mulheres estão perdendo espaço para homens que se sentem mulheres"[15].

De acordo com matéria veiculada pelo *Metrópoles*[16], a fala transfóbica proferida pelo parlamentar ocasionou o recebimento de três notícias-crime pelo STF, que determinou à Procuradoria-Geral da República (PGR) a manifestação sobre o pedido para suspender os perfis do deputado em redes sociais. Além disso, a Câmara Legislativa do Distrito Federal (CLDF) aprovou uma moção de repúdio contra Nikolas Ferreira.

Diante desse caso, percebe-se como a estratégia discursiva de tentar separar rigidamente o sexo da cultura é usada para sustentar o binarismo e uma concepção essencialista dos corpos. Conforme a abordagem de Judith Butler (2017), tanto o sexo quanto o gênero são inseparáveis e socialmente construídos. Compreendemos o gênero, portanto, como um dispositivo que interage e molda a noção de sexo dentro das dinâmicas culturais.

Ademais, a fala do parlamentar, direcionada especialmente às mulheres trans e travestis, ataca toda a comunidade LGBTI+, tendo em vista que são as "pessoas T" que historicamente estão na linha de frente do movimento.

Nesse sentido, Priscila Nogueira (2020), mais conhecida como Pepita ou Mulher Pepita, reflete que "tudo acontece primeiro com a letra T. A letra T é a primeira a levar o cuspe e a primeira a levar pedrada. Mesmo assim, nós somos resistência e não desistimos nunca. Eu tenho o maior orgulho de representar o meu arco-íris".

Nessa visão, apoiada nos estudos de Teresa de Lauretis (1987), a ênfase no masculino e feminino acaba resultando em uma diferenciação da mulher em relação ao homem, marginalizando assim outras vivências

---

[15] Para melhor compreensão do caso, sugerimos a leitura da matéria veiculada pelo *Metrópoles*. Disponível em: https://www.metropoles.com/blog-do-noblat/mesa-da-camara-e-provocada-a-acionar-nikolas-no-conselho-de-etica. Acesso em: 22 mar. 2023.

[16] Disponível em: https://www.metropoles.com/colunas/grande-angular/cldf-aprova-mocao-de-repudio-a-nikolas-ferreira-inaceitavel. Acesso em: 16 ago. 2023.

de identidades de gênero e sexualidades que estejam fora desse binarismo. É nesse sentido que muitos casais homossexuais são confrontados com perguntas do tipo "quem é o homem da relação?" ou "quem é a mulher da relação?", entre outras que refletem o pensamento patriarcal e cis heteronormativo da sociedade.

Assim sendo, considera-se tanto o gênero quanto a sexualidade como representações e autorrepresentações, produtos das diferentes tecnologias sociais, como a mídia, e de discursos epistemológicos e práticas críticas institucionalizadas, bem como das práticas da vida cotidiana. Portanto, a sexualidade e o gênero não são propriedades intrínsecas dos corpos, mas, conforme as palavras de Foucault (2009, p. 139), a sexualidade consiste "[no] conjunto de efeitos produzidos em corpos, comportamentos e relações sociais".

Para reforçar essa noção dos gêneros e das sexualidades enquanto representações, destacam-se algumas falas comuns como "comporte-se como um homem" ou "comporte-se como uma mulher". Se a genitália não é suficiente para caracterizar o gênero, a identidade de gênero só pode ser desenvolvida a partir de um constructo social.

O gênero é compreendido como uma representação que é construída socialmente. E essa construção ocorre em ritmos diversos ao longo do tempo. No entanto, a desconstrução do gênero, conforme afirma Lauretis (1987, p. 209) também pode ser vista como uma forma de construção, uma vez que desafiar as normas de gênero existentes pode levar a uma compreensão mais ampla e inclusiva do que significa ser homem, mulher ou possuir outras identidades não binárias. É essencial reconhecer que a desconstrução do gênero não implica em abolir as identidades de gênero, mas, sim, em questionar e reformular as normas e expectativas impostas pela sociedade em relação ao gênero.

> As concepções culturais de masculino e feminino como duas categorias complementares, mas que se excluem mutuamente, nas quais todos os seres humanos são classificados formam, dentro de cada cultura, um sistema de gênero, um sistema simbólico ou um sistema de significações que relaciona o sexo a conteúdos culturais de acordo com valores e hierarquias sociais. Embora os significados possam variar de uma cultura para outra, qualquer sistema de sexo-gênero está sempre intimamente interligado a fatores políticos e econômicos em cada sociedade. Sob essa ótica, a construção cultural do sexo

em gênero e a assimetria que caracteriza todos os sistemas de gênero através das diferentes culturas (embora cada qual de seu modo) são entendidas como sendo 'sistematicamente ligadas à organização da desigualdade socia' (Lauretis, 1987, p. 211-212).

Na visão apresentada, a construção dos gêneros e das sexualidades é tanto o resultado quanto o processo de sua representação. Isso significa que a forma como o gênero é representado na sociedade influencia a sua construção, mas também é influenciado pela autorrepresentação de cada indivíduo. Além disso, a construção dos gêneros é um processo contínuo, que perdura durante toda existência. Em resumo, a construção dos gêneros é um fenômeno complexo que envolve tanto fatores sociais quanto individuais.

Com base nas noções de gênero apresentadas na perspectiva transfeminista, associadas à compreensão histórica das ondas do feminismo, torna-se evidente a importância dos feminismos como movimento social de referência para a compreensão da luta da comunidade LGBTI+.

2.2 MOVIMENTO ANTIRRACISTA

A relação entre os estudos raciais e o movimento LGBTI+ é complexa e multifacetada. No coração desta relação está o conceito de interseccionalidade, proposto pela professora de Direito Kimberlé Crenshaw, em artigo de 1989, intitulado *"Demarginalizing the Intersection of Race and Sex: A Black Feminist Critique of Antidiscrimination Doctrine, Feminist Theory and Antiracist Politics"*[17], que reconhece que os indivíduos não são definidos por uma única identidade ou experiência. Ao contrário, eles são atravessados pela intersecção de múltiplas experiências e vivências, tais como raças, gêneros, orientações sexuais, status socioeconômico, entre outras.

Considerando a perspectiva interseccional como abordagem central, o presente subcapítulo delineia um percurso analítico que explora questões intrinsecamente ligadas ao racismo, ao antirracismo e à construção da branquitude. Além disso, é proposta uma análise aprofundada desse último aspecto, envolvendo uma compreensão articulada em três ondas distintas, tal como concebido nos estudos de Cida Bento (2022).

O conceito de racismo se destaca como uma construção social complexa, permeada por práticas e discursos sociais e institucionais estruturados. Ella Shohat e Robert Stam (2007) esclarecem que o racismo se manifesta

---

[17] Em tradução livre: "Desmarginalizando a intersecção de raça e sexo: uma crítica feminista negra da doutrina antidiscriminatória, da teoria feminista e da política antirracista".

a partir de um conjunto de ações que estigmatizam diferenças com o propósito de justificar vantagens injustas ou abusos de poder. Aprofundando essa compreensão, Lima e Vala (2004) afirmam que o racismo não se limita a atitudes individuais, mas constitui um processo de hierarquização, exclusão e discriminação voltado tanto para indivíduos quanto para categorias sociais inteiras. Essa exclusão é baseada na percepção de diferenças externas, ressignificadas em termos de marcas culturais internas que delineiam padrões de comportamento.

Em face desse cenário, torna-se relevante salientar que, no contexto contemporâneo, o racismo assume formas que não se alinham mais à sua manifestação tradicional e explícita. Em vez disso, suas manifestações adquirem nuances mais sutis e expressões que o caracterizam como um racismo sutil, cordial e moderno, entre outras denominações. A sociedade contemporânea demonstra um repúdio às formas evidentes de racismo, aderindo às normas do "politicamente correto". Paradoxalmente, essa adesão ao "politicamente correto" pode ser instrumentalizada para promover ações racistas veladas, fortalecendo uma concepção que, apesar de rejeitar o racismo explícito, possibilita inadvertidamente contribuir para práticas discriminatórias. Um exemplo ilustrativo desse fenômeno pode ser observado na sociedade brasileira, cujo contexto miscigenado e plurirracial incita o desenvolvimento de uma hipótese conhecida como "racismo cordial" (Leite, 2019).

De acordo com Lima e Vala (2004), o conceito de "racismo cordial" se estabelece como uma modalidade de discriminação direcionada aos indivíduos não brancos. Esse fenômeno é caracterizado por uma cortesia superficial que dissimula atitudes e comportamentos discriminatórios. Essas manifestações discriminatórias ocorrem, principalmente, no âmbito das relações interpessoais, por meio de piadas, provérbios populares e brincadeiras de natureza "racial". Um exemplo midiático e ilustrativo desse fenômeno é o caso da personagem Adelaide, do programa *Zorra Total*, da TV Globo. "No quadro, ela é uma mulher negra, pobre, sem dentes, que se refere aos cabelos da própria filha como 'palha de aço'" (Vieira, 2012).

> A personagem Adelaide está colocada dentro dos marcos do passado. Havia uma leitura nas piadas de que os negros eram pobres, desdentados e feios. Ela [a personagem] não rompe com o passado, como Mussum, Grande Otelo e Chocolate. Adelaide tem o nariz e os lábios exageradamente alargados e o cabelo despenteado, em um clichê, que, no final, a compara a um gorila (Fonseca *apud* Vieira, 2012).

Os exemplos narrados anteriormente estão intrinsecamente vinculados à realidade do país, originando a percepção de um racismo à brasileira.

Prosseguindo na análise, tanto o racismo tradicional quanto o cordial compartilham a característica da opressão que priva as pessoas negras de seus direitos. Djamila Ribeiro (2019), ao refletir sobre a questão, enfatiza que o racismo transcende o nível individual e se encontra enraizado nas estruturas sociais. Dessa forma, ele se constitui como um sistema complexo que sistematicamente nega direitos, indo além da mera manifestação da vontade de um único indivíduo. Sintonizando-se com essa perspectiva, Silvio Almeida (2019, p. 42) convoca a adoção de uma postura profundamente antirracista:

> Consciente de que o racismo é parte da estrutura social e, por isso, não necessita de intenção para se manifestar, por mais que calar-se diante do racismo não faça do indivíduo moral e/ou juridicamente culpado ou responsável, certamente o silêncio o torna ética e politicamente responsável pela manutenção do racismo. A mudança da sociedade não se faz apenas com denúncias ou com o repúdio moral do racismo: depende, antes de tudo, da tomada de posturas e da adoção de práticas antirracistas.

O antirracismo abrange uma gama de práticas voltadas para a abordagem, eliminação e mitigação do racismo. A sua definição fundamental reside na sua capacidade de identificar e responder ao fenômeno do racismo. É importante ressaltar que diferentes abordagens de antirracismo, muitas vezes, se baseiam em concepções distintas do que constitui o próprio racismo. Enquanto alguns encaram o racismo como uma crença explícita e articulada em superioridade racial, outros o enxergam como um sistema de discriminação racial que opera em níveis mais amplos. Para estes últimos, o foco não reside exclusivamente na consciência individual, mas nos processos sociais que contribuem para a manutenção da desigualdade racial (Bonnet, 2000 *apud* Leite, 2019).

Em uma perspectiva interseccional, ser antirracista não é o suficiente. É fundamental ser contra todas as formas de opressão, incluindo a misoginia, a homotransfobia e outros tipos de discriminação. Ampliar esse olhar pode tornar o debate mais complexo, mas é crucial compreender as individualidades dos movimentos sociais e suas interconexões. A estrutura social confere privilégios a determinados grupos em termos de raça, gênero, orientação sexual ou classe, criando mecanismos que perpetuam desigualdades. Compreender esses mecanismos é fundamental para se pensar em soluções efetivas e para se construir uma sociedade mais justa e igualitária.

Para exemplificar a questão dos privilégios, Ribeiro (2019) reflete que os homens brancos heterossexuais são maioria nos espaços de poder, o que não é uma condição natural, mas, sim, resultado de processos históricos de escravização e colonização que construíram uma estrutura de poder racialmente privilegiada. É importante lembrar que a existência de outras intersecções, como a orientação sexual ou a classe social, não invalidam a análise da estrutura de poder em termos raciais. Mulheres brancas, por exemplo, são discriminadas por serem mulheres, mas ainda assim são privilegiadas estruturalmente por serem brancas. Da mesma forma, homens brancos homossexuais podem sofrer discriminação em função de sua orientação sexual, mas ainda assim fazem parte do grupo hegemônico em termos raciais.

Após a apreensão das concepções de racismo e antirracismo, a análise avança adentrando ao entendimento de que as relações de dominação, sejam elas fundamentadas em gêneros, raças, orientações sexuais ou outros fatores, compartilham semelhanças marcantes em sua construção e perpetuação. Estas relações muitas vezes subsistem mediante pactos implícitos, que em grande parte permanecem não explicitados. Conforme Bento (2022) sugere, o pacto da branquitude se configura como um acordo tácito de cumplicidade entre indivíduos brancos, com o propósito de preservar seus privilégios.

No tocante aos estudos referentes à branquitude, Bento identifica três distintas fases de desenvolvimento. A primeira onda emergiu durante o século 19 e a primeira metade do século 20, quando intelectuais negros direcionaram seus esforços para a descrição e questionamento da supremacia branca nos Estados Unidos. Esse período viu a elaboração crítica das noções de preconceito racial, racismo institucional e supremacia branca como pilares fundamentais da sociedade norte-americana.

A segunda onda, por sua vez, empenhou-se em desafiar e tornar visível tanto a supremacia branca quanto o racismo institucional. "Nessa segunda fase, pesquisadores analisaram como as instituições legais definem quem é branco e assim distribuem acesso a material e a avanços ligados à branquitude, caracterizada como uma propriedade, um bem" (Bento, 2022, local. 549).

Na terceira onda, a noção de branquitude surge intrinsecamente vinculada às reações brancas em resposta ao aumento da presença de indivíduos negros em ambientes anteriormente frequentados exclusivamente por pessoas brancas. Nesse contexto,

> [a] ampliação das vozes negras que denunciam a apropriação dos bens materiais e imateriais da sociedade pelos brancos e clamam por justiça e reparação ameaçam a supremacia branca. O **nacionalismo se evidencia** recorrentemente na marginalização de grupos considerados minoritários para ocultar e contestar a existência do racismo institucional. A "vitimização" da branquitude e as diferentes manifestações dos **grupos brancos que se sentem ameaçados** e perdendo o que entendem ser 'seus direitos' se revela nesse período (Bento, 2022, local. 560, grifos nossos).

Cabe ressaltar que a categorização em três ondas dos estudos acerca da branquitude apresenta um caráter historicamente preponderante nos Estados Unidos. No entanto, é notório identificar notáveis correspondências com o cenário brasileiro. É a partir das bases do racismo que grupos são selecionados como alvo de ataques, alimentando-se de um discurso estatal que os rotula como ameaças, fornecendo justificação para seu extermínio em prol da manutenção da ordem e da segurança.

Está-se, portanto, diante de um fenômeno político de teor nacionalista e "patriótico", que se vale da apelação aos valores convencionais. Essas perspectivas, orientadas em torno da preservação da ordem, segurança e proteção da nação, encontram sua principal sustentação no espectro da extrema direita, embora não se restrinjam a ela. Tais posturas atraem diversos setores ligados à segurança, abrangendo desde as instituições militares e policiais até as milícias.

O bolsonarismo emerge como um paradigma ilustrativo desse fenômeno, destacando-se pela amplificação de atributos que englobam a supremacia branca, a exaltação do militarismo, a desconsideração pelas normas e instituições, a manifestação de atitudes machistas e racistas, bem como a expressão de hostilidade em relação à comunidade LGBTI+. Para enfatizar tal perspectiva e no contexto do tema deste tópico, é oportuno recorrer a declarações proferidas pelo ex-presidente, Jair Bolsonaro, por exemplo: "negros são pesados em arrobas" e "fui num quilombola (*sic*) em Eldorado Paulista e o afrodescendente mais leve lá pesava sete arrobas"[18].

Na Ação Civil Pública n.º 0101298-70.2017.4.02.5101, julgada pela Justiça Federal do Rio de Janeiro, o ex-presidente Bolsonaro foi condenado a pagar uma compensação no valor de R$ 50 mil em relação ao incidente mencionado. Na sentença, proferida pela juíza da 26ª Vara Federal, Frana

---

[18] Disponível em: https://veja.abril.com.br/coluna/virou-viral/racismo-de-bolsonaro-causa-revolta-nas-redes-veja-video. Acesso em: 11 ago. 2023.

Elizabeth Mendes, fica evidenciada a absoluta inadequação da conduta e comportamento adotados pelo então parlamentar. Evidencia-se que tais atitudes não se restringem somente ao grupo de quilombolas ou à população negra em geral, mas abarcam de modo desfavorável a coletividade em sua totalidade. A magistrada também ressalta a essência de que o exercício do direito fundamental à liberdade de expressão, garantido constitucionalmente, não possui um caráter absoluto, sendo circunscrito por limites de natureza ética, moral e social que implicam no respeito ao próximo.

A representação de uma masculinidade branca, que reforça os preceitos do pacto da branquitude, emerge de forma notória no discurso proferido pelo ex-presidente após sua derrota no pleito eleitoral visando sua reeleição. Jair Bolsonaro se encontra cercado por aproximadamente 30 indivíduos associados ao seu governo, em que se destaca de maneira predominante o padrão de homens brancos[19].

Bento (2022) observa que a branquitude convicta e autoritária faculta ao político a manifestação de traços de grosseria, violência, antidemocracia e racismo explícito, bem como a exibição de atitudes homotransfóbicas e machistas. Estes comportamentos provocam um sentimento de identificação mais profundo entre muitos apoiadores de figuras públicas, transcendendo, por vezes, as próprias políticas que estas adotam.

Nesse intrincado sistema de opressão, o movimento negro traz consigo uma história marcada por uma luta contínua em busca de igualdade e justiça social. Diante do contexto apresentado, os conceitos que foram expostos — racismo, antirracismo e branquitude — almejam oferecer uma contribuição significativa oriunda desse movimento social, dentro de uma perspectiva interseccional. Em outras palavras, a atuação desse movimento não apenas serve como uma fonte de inspiração, mas também como um ponto de referência e um meio de diálogo para outros grupos marginalizados, todos unidos na batalha contra todas as formas de opressão.

2.3 MOVIMENTO LGBTI+ NO BRASIL

Renan Quinalha (2022), em sua obra *Movimento LGBTI+ no Brasil: uma breve história do séc. XIX aos nossos dias*, delineia cinco ciclos para estabelecer fases e traçar uma periodização do movimento LGBTI+, com o objetivo de compreender as continuidades, mutações e deslocamentos na atuação

---

[19] Confira a foto em: https://fotospublicas.com/presidente-jair-bolsonaro-fala-com-a-imprensa-no-palacio-da-alvorada/. Acesso em: 11 ago. 2023.

dos agentes políticos. Antes de elencar esses períodos, é relevante destacar a opção pela terminologia "ciclos" em detrimento a "ondas" ou "gerações", termos frequentemente utilizados na periodização de movimentos sociais, conforme ressaltado pelo autor:

> [...] na história LGBTI+, devido à persistência de preconceitos e violências, não é raro que as demandas que pareciam atendidas em um momento logo precisem ser novamente reivindicadas, afinal, nunca são efetivamente superadas ou saem do papel e acabam sempre se recolocando em um regime de reconhecimento que é sempre precário (Quinalha, 2022, p. 102).

Posto isto, Quinalha identifica os seguintes ciclos: (I) ciclo de afirmação homossexual e combate à ditadura; (II) ciclo HIV/Aids e "ONGuinização"; (III) ciclo de institucionalização, visibilidade pública e mercantilização; (IV) ciclo da cidadania, da diversificação e dos direitos; e (V) ciclo de *backlash*[20] e bolsonarismo.

Com base na proposta de periodização do movimento LGBTI+ delineada, a seguir são apresentados os ciclos, destacando eventos significativos e associando a caracterização, em uma abordagem crítica às representações veiculadas na mídia que retratam indivíduos de diversas orientações sexuais e identidades de gênero.

No período compreendido entre o final da década de 1970 e meados dos anos 1980, concomitantemente à liberalização gradual da ditadura e à intensificação das campanhas em favor da redemocratização, diversos movimentos sociais iniciaram um processo de reestruturação no cenário brasileiro. Diante disso, é em 1978, na cidade de São Paulo, que se realiza "a primeira reunião do Núcleo de Ação pelos Direitos dos Homossexuais, que logo seria batizado de Somos - Grupo de Afirmação da Identidade Homossexual" (Quinalha, 2022, p. 106).

É também em 1978 que se registra a primeira edição do *Lampião da Esquina*, concebido com a finalidade de servir como um meio para a abordagem de temáticas que abrangem desde a homossexualidade até a discriminação racial, expressões artísticas, ecologia e machismo. Os idealizadores deste veículo de comunicação advogavam pela imperativa necessidade de "romper com o isolamento do gueto restrito, no qual os homossexuais brasileiros circulavam, bem como derrubar os estereótipos sociais associados à homossexualidade" (Green, 2022, p. 444).

---

[20] Tradução livre: retaliação. Em razão da oportunidade de detalhar o termo "*backlash*" em momento posterior, o subcapítulo 5.3 oferece uma explicação mais detalhada do termo.

É nesse contexto histórico que se estabelece uma conexão entre a realidade sociocultural do Brasil e o âmbito da publicidade. Não é mera coincidência, conforme delineado no subcapítulo "Histórico da representação e visibilidade de pessoas LGBTI+ na mídia", que o ano de 1979 assinala o primeiro aparecimento de uma representação homossexual na televisão nacional. A partir desse ponto, identificam-se sólidos indícios de uma interligação entre os desdobramentos do movimento LGBTI+ e as questões midiáticas, o que reforça a compreensão de que a publicidade deriva suas bases da sociedade global e local, constrói sua retórica a partir das particularidades identificadas e das projeções ideológicas da audiência-alvo, e posteriormente dissemina o discurso reconfigurado, contribuindo para enriquecer o repertório cultural da coletividade.

Em 1982, os primeiros casos de HIV/Aids foram identificados no Brasil, dando origem a uma epidemia no país e proporcionando o cenário propício para o surgimento de um ciclo subsequente de ativismo LGBTI+: o ciclo HIV/Aids e ONGuinização. Diante da gravidade da situação, o movimento implementou "reuniões constantes, campanhas de conscientização, distribuição de preservativos, publicação de materiais, pressão nos poderes públicos foram todas táticas utilizadas [...] para conseguir avançar no tratamento e na prevenção ao HIV/AIDS" (Quinalha, 2022, p. 114).

Em resposta à pressão exercida pela mídia e pela população, o Ministério da Saúde adotou medidas para conter a epidemia, divulgando suas ações de combate à doença por meio da imprensa e da publicidade. Tanto que a expressão "a AIDS é um problema de todos" tornou-se um dos slogans empregados por várias ONGs, bem como pelo próprio Ministério da Saúde (Silva, 2012).

Além disso, Iribune (2008), ao examinar as representações das homossexualidades na publicidade veiculada na televisão brasileira no período compreendido entre 1979 e 2008, destaca que a subcategoria "Propaganda, políticos por natureza" apresenta seis anúncios, sendo que três deles abordam especificamente a questão do HIV/Aids, sendo dois de autoria do Ministério da Saúde e um pertencente à ONG Associação Brasileira Interdisciplinar de Aids (Abia). Ademais, o pesquisador observa:

> A análise da publicidade e propaganda e das homossexualidades sugere, também, a **transição discursiva definida a partir da visibilidade da década de 1990**, em muito influenciada pela AIDS. Mais especificamente, essa transição se mostra relevante ao se evidenciar como o

discurso publicitário negocia com a mobilização de uma parcela da sociedade civil organizada que luta pela inclusão social e respeito à diversidade sexual (Iribune, 2008, p. 11, grifo nosso).

O ciclo da "institucionalização, visibilidade pública e mercantilização" é delineado pela disseminação da epidemia do HIV/Aids, a despatologização da homossexualidade e o movimento em direção a uma equiparação legal para condenar a discriminação sexual de maneira análoga à punição da discriminação racial. Assim, emerge uma interseção de demandas entre a causa homossexual e a situação enfrentada pela população negra.

Este terceiro ciclo confere uma presença pública aos indivíduos homossexuais, permitindo-lhes uma participação mais aberta e menos sigilosa nos espaços públicos. É nesse contexto que surgem as primeiras edições das Paradas do Orgulho LGBTI+.

> Diversos foram os **temas das paradas** ao longo dos anos, mas a afirmação da cidadania, a educação para a diversidade e o combate à LGBTIfobia são questões centrais e predominantes durante esse tempo todo, evidenciando como reivindicações múltiplas se atualizam e se recolocam em ciclos diversos do movimento (Quinalha, 2022, p. 128, grifo nosso).

Quadro 2 – Anos e temas/slogans das Paradas do Orgulho LGBTI+

Ano	Tema/slogan
1997	Somos muitos, estamos em todas as profissões
1998	Os direitos de gays, lésbicas e travestis são direitos humanos
1999	Orgulho gay no Brasil, rumo ao ano 2000
2000	Celebrando o orgulho de viver a diversidade
2001	Abraçando a diversidade
2002	Educando para a diversidade
2003	Construindo políticas homossexuais
2004	Temos família e orgulho
2005	Parceria civil, já. Direitos iguais! Nem mais nem menos
2006	Homofobia é crime! Direitos sexuais são Direitos Humanos
2007	Por um mundo sem racismo, machismo e homofobia

Ano	Tema/slogan
2008	Homofobia mata! Por um Estado laico de fato
2009	Sem homofobia, mais cidadania – Pela isonomia dos direitos!
2010	Vote contra a homofobia: defenda a cidadania!
2011	Amai-vos uns aos outros: basta de homofobia!
2012	Homofobia tem cura: educação e criminalização
2013	Para o armário nunca mais – União e conscientização na luta contra a homofobia.
2014	País vencedor é país sem homolesbostransfobia: chega de mortes! Criminalização já!
2015	Eu nasci assim, eu cresci assim, vou ser sempre assim: respeitem-me
2016	Lei de identidade de gênero, já! - Todas as pessoas juntas contra a transfobia!
2017	Independente de nossas crenças, nenhuma religião é lei! Todas e todos por um Estado laico
2018	Poder para LGBTI+, nosso voto, nossa voz
2019	50 Anos de Stonewall - Nossas conquistas, nosso orgulho de ser LGBT+
2020	Democracia
2021	HIV/Aids: ame + cuide + viva
2022	Vote com orgulho – por uma política que representa

Fonte: elaborado pelo autor com base em Quinalha (2022)

É relevante enfatizar a regularidade da Parada do Orgulho LGBTI+ de São Paulo, que tem promovido edições anuais desde 1997. No ano de 2019, a 23ª edição do evento foi transmitida ao vivo, sendo exibida por meio do canal de TV a cabo GNT e em oito canais do YouTube. Conforme informações obtidas da plataforma YouTube, a transmissão alcançou uma audiência de 40 milhões de espectadores.

Nos anos subsequentes, em 2020 e 2021, a Parada foi realizada de forma on-line, em virtude da pandemia de Covid-19. Entretanto, em 2022, na sua 26ª edição, o evento retornou à Avenida Paulista, com o tema "Vote com orgulho - por uma política que representa", em alusão às eleições em andamento. De acordo com a organização, o evento atraiu um público recorde de 4 milhões de pessoas neste ano (Albuquerque, 2022).

É importante destacar a expansão das Paradas do Orgulho para outros estados e municípios do Brasil, incluindo o Distrito Federal. Com base nos objetivos delineados nesta obra e visando evitar uma extensão excessiva, também menciona-se a 23ª Parada do Orgulho LGBTI+ de Brasília, que adotou o tema "Nossos 122 direitos. Conhecer. Efetivar. Defender".

Na ocasião, o autor deste livro teve a oportunidade de participar da caminhada, que contou com uma pluralidade de identidades. Era possível observar crianças, jovens e idosos que celebravam as conquistas e pleiteavam o reconhecimento de seus direitos. Durante o evento, duas mulheres, aparentemente na faixa dos 50 anos, abordaram o autor e seu companheiro, solicitando a permissão para os fotografar. Uma delas expressou, com palavras emocionadas, que "era lindo poder ver os mais jovens vivendo o amor com tamanha naturalidade".

Tal situação levou à reflexão sobre a notável distância que existe nas vivências de pessoas LGBTI+ de diferentes gerações. Nesse contexto, a demonstração pública de afeto pode ser algo comum para casais homoafetivos na faixa dos 30 anos, enquanto para aqueles na faixa dos 50 anos, ela pode adquirir um significado adicional de conquista.

Diante da considerável visibilidade, vivências e experiências observadas nas Paradas do Orgulho LGBTI+, diversas empresas passaram a manifestar interesse em explorar o amplo potencial de consumo desse público. Um ponto de relevância que se faz necessário ponderar junto do surgimento da *outvertising* é a crescente importância do chamado *pink money* na economia global. Essa expressão se refere ao poder de compra das pessoas LGBTI+ e denota um mercado em franca expansão. Tal fator introduz novas camadas de complexidade à reflexão proposta neste contexto, levando em consideração as motivações subjacentes à adoção, por parte de empresas e organizações, de uma postura pró-diversidade.

O ciclo de institucionalização, visibilidade pública e mercantilização serviu como base para a consolidação de um movimento cada vez mais consciente, culminando no surgimento do quarto ciclo: o da cidadanização, da diversificação e dos direitos.

Segundo Quinalha (2022), os primeiros espaços de articulação do movimento LGBTI+, enquanto movimento social, foram predominantemente ocupados pelos homens gays cisgênero. Posteriormente, as mulheres lésbicas cisgênero também tomaram parte nesses espaços, contribuindo para combater o machismo estrutural que permeava o ativismo. No entanto, é crucial levantar críticas acerca da inclusão das travestis e pessoas transgênero. Apesar de possuírem uma história significativa de resistência tanto em nível individual como coletivo, esses grupos foram por muito tempo excluídos dos fóruns organizados do movimento devido à transfobia presente nesses espaços, bem como às barreiras para acessar a educação e o mercado formal.

O senso de comunidade, associado às demandas relacionadas à saúde e à cidadania jurídica, está se fortalecendo progressivamente. Entretanto, é surpreendente que até o presente momento o Congresso Nacional não tenha aprovado qualquer lei específica em benefício da comunidade LGBTI+. Consequentemente, é por meio do sistema judiciário, notadamente pelas decisões emblemáticas do STF, que ocorre o reconhecimento dos direitos LGBTI+. O quadro a seguir apresenta essas decisões:

Quadro 3 – Relação entre ano, ação constitucional e direito garantido em favor da comunidade LGBTI+

Ano	Ação Constitucional	Direito garantido
2011	ADPF 132 e ADI 4277	Reconhecimento da união estável homoafetiva
2015	REx 846102	Possibilidade de adoção por casais homoafetivos
2018	REx 670.422/RGS	Autorização judicial ou cirurgia de redesignação sexual
2019	ADI 26 e MI 4733	Criminalização da LGBTIfobia
2020	ADI 5543	Doação de sangue por homens que fazem sexo com outros homens (HSH)
2020	ADIs 5537, 5580 e 6038; e ADPFs 461, 465 e 600	Constitucionalização da educação sexual e de gênero nas escolas
2021	ADPF 527	Direito de escolha para presas transexuais e travestis em cumprir penas em estabelecimento prisional feminino ou masculino

Fonte: elaborado pelo autor com base no STF

Apesar de os direitos e garantias conquistados pelas vias judiciais terem tido um aumento significativo nos últimos anos, a conjuntura política nacional, marcada pela ascensão da extrema direita e a eleição do ex-presidente Jair Bolsonaro em 2018, colocou a comunidade LGBTI+ em linha de mira. Está-se, portanto, diante do quinto ciclo: *"Backlash* e bolsonarismo".

De acordo com Quinalha (2022, p. 238), as pessoas sexodissidentes parecem historicamente ser um alvo de predileção pelo ex-presidente, já que "há uma incitação constante e explícita à violência física e até mesmo ao extermínio dessa população".

É importante ressaltar as influências do ex-presidente em questões midiáticas, especialmente aquelas que buscam evidenciar representatividade e protagonismo da comunidade LGBTI+. Nesse contexto, em 2019, o Banco do Brasil (BB) incorporou a diversidade de gêneros, sexualidades e raças em uma campanha que incentivava a abertura de contas no banco. No entanto, o ex-presidente Jair Bolsonaro, descontente com o tom adotado pela campanha, vetou a veiculação do anúncio e, como consequência dessa censura presidencial, o diretor de comunicação e marketing do BB, Delano Valentim, foi destituído do seu cargo.

De acordo com Bonin (2019), durante uma reunião no Banco do Brasil com várias agências de publicidade, foi estabelecido, sob orientação do Palácio do Planalto, que termos como "lacrou" e outros relacionados ao universo LGBTI+ estão vetados para utilização em qualquer formato de peça publicitária e divulgação. Essa diretiva, conhecida como Dicionário da Censura, é aplicável a todas as empresas estatais.

Em rede social digital, o ex-Presidente Jair Bolsonaro (2019) se posicionou sobre o fato, por meio do seguinte *tweet*:

> Qualquer empresa privada tem liberdade para promover valores e ideologias que bem entendem (*sic*). O público decide o que faz. O que não pode ser permitido é o uso do dinheiro dos trabalhadores para isso. Não é censura, é respeito com a população brasileira.

Pode-se observar, portanto, que a intervenção do ex-chefe do Executivo na comunicação das empresas estatais e seus discursos homotransfóbicos apontavam para traços de uma política cultural neoconservadora. Essa abordagem tem o propósito de instaurar um contexto favorável à polarização na esfera da publicidade e da propaganda, similar ao cenário político que se desenhava no Brasil.

Em resposta ao "veto presidencial", o Burger King identificou uma oportunidade para ironizar o político por meio da veiculação de um anúncio[21] de 30 segundos, composto unicamente por texto. A composição do

---

[21] Burger King ironiza Bolsonaro em chamada de elenco para comercial. Disponível em: https://www.youtube.com/watch?v=4V-qz8ULGF8. Acesso em 27 ago. 2022.

texto gradualmente se desenrolava durante a publicidade, apresentando a seguinte mensagem: "Procura-se elenco para comercial. O Burger King está recrutando pessoas para seu novo comercial. Para participar, basta se encaixar nos seguintes requisitos: ter participado de um comercial de banco que tenha sido vetado e censurado nas últimas semanas. Pode ser homem, mulher, negro, branco, gay, hétero, trans, jovem, idoso. Curtir fazer selfie é opcional. No Burger King, todo mundo é sempre bem-vindo. Sempre. Entre em contato pelo e-mail: recrutafilme@burgerking.com.br". Em seguida, a marca do Burger King é exibida, seguida pela assinatura "do seu jeito".

Esse embate evidencia as intrincadas interconexões entre os sistemas midiático e político nacional, fortalecendo o entendimento de que a publicidade baseia suas fontes em um contexto histórico-socio-político, construindo narrativas a partir das particularidades identificadas e das projeções ideológicas direcionadas ao público-alvo. Essa dinâmica conduz à veiculação do discurso reelaborado, que por sua vez contribui para nutrir o reservatório cultural da sociedade.

Além disso, ao direcionar a atenção à campanha "Como explicar?", do Burger King, que é o foco de pesquisa deste trabalho, percebe-se que a reação contrária à marca, originada nas redes sociais digitais, por meio das *hashtags*: "#BurgerKingLixo" e "#BurgerKingNuncaMais", sinaliza de maneira substancial para a interligação entre o ciclo "*Backlash* e bolsonarismo" e as questões midiáticas.

Neste capítulo, apresentamos as analogias intrínsecas entre os movimentos sociais dos feminismos, antirracismo e LGBTI+. Um ponto fundamental é a influência e alcance desses movimentos na esfera da publicidade, materializada por meio de práticas distintas: o *femvertising*[22], a publicidade antirracista e a *outvertising*. Visamos estabelecer uma apreensão mais profunda do contexto cultural e político, fornecendo a base necessária para a subsequente análise dos discursos resultantes das repercussões da campanha publicitária, o cerne desta obra.

É essencial ressaltar a delimitação do enfoque aos movimentos mencionados, com o intuito de evitar uma expansão excessiva deste estudo. Vale destacar que tópicos como o movimento das Pessoas com Deficiência (PcD) foram excluídos não por falta de relevância, mas devido à necessidade

---

[22] "Femvertising é uma junção de feminism e advertising, sendo que feminism remete ao movimento feminista e os conceitos defendidos nele, e advertising à publicidade. Na prática, são trabalhos publicitários que tratam do empoderamento da mulher, e que remetem a realidade e diversidade do gênero feminino, fazendo quebra de paradigmas e estereótipos" (Pessoa; Silva; Macário, 2018, p. 4).

de estudos mais consolidados que explorem a relação entre esse tema e a publicidade. Tais questões, que guardam potencialidades importantes, merecem uma análise em futuras investigações para melhor compreensão de suas implicações.

MÍDIA E INFÂNCIAS: O POTENCIAL PEDAGÓGICO DA *OUTVERTISING*

> *É dever da família, da sociedade e do Estado assegurar à criança, ao adolescente e ao jovem, com absoluta prioridade, o direito à vida, à saúde, à alimentação, à educação, ao lazer, à profissionalização, à cultura, à dignidade, ao respeito, à liberdade e à convivência familiar e comunitária, além de colocá-los a salvo de toda forma de negligência, discriminação, exploração, violência, crueldade e opressão.*
> (Brasil, 1988)

O artigo 227 da Constituição Federal, referenciado anteriormente, não está sendo cumprido satisfatoriamente, quando observamos dados alarmantes tais como: 2 milhões de crianças e adolescentes, de 10 a 19 anos, estão fora da escola, muitos trabalhando ilegalmente, inclusive em atividades perigosas e insalubres[23], além do fato de que 14% das mães são menores de 18 anos. Para piorar, cerca de 7 mil crianças e adolescentes são mortos de forma violenta a cada ano[24], evidenciando a urgência de uma mudança significativa na priorização das políticas públicas voltadas para a proteção dessa parcela da sociedade. Diante desse cenário, é sintomático que uma publicidade que retrata a diversidade de famílias no contexto das possibilidades de vivências em torno das identidades de gênero e sexualidades tenha sido alvo de críticas, ignorando-se os graves problemas que precisam ser enfrentados. O Brasil ocupa a triste posição de segundo pior país do mundo em proporção de jovens de 18 a 24 anos que não trabalham nem estudam[25], o que só ressalta a necessidade de uma reflexão sobre nossas prioridades enquanto sociedade.

---

[23] Informação disponível em: https://g1.globo.com/educacao/noticia/2022/09/15/11percent-das-criancas-e-adolescentes-estao-fora-da-escola-no-brasil-aponta-pesquisa-do-unicef.ghtml?goal=0_eaf96d902a-fd32ceb1e5-288809096&mc_cid=fd32ceb1e5&mc_eid=db10ddbc5b. Acesso em: 2 maio 2023.

[24] Informação disponível em: https://www.unicef.org/brazil/homicidios-de-criancas-e-adolescentes?goal=0_eaf96d902a-fd32ceb1e5-288809096&mc_cid=fd32ceb1e5&mc_eid=db10ddbc5b. Acesso em: 2 maio 2023.

[25] Informação disponível em: https://www.correiobraziliense.com.br/economia/2022/11/5049770-brasil-e-o-segundo-pais-com-maior-proporcao-de-jovens-nem-nem.html?goal=0_eaf96d902a-fd32ceb1e5-288809096&mc_cid=fd32ceb1e5&mc_eid=db10ddbc5b. Acesso em: 2 maio 2023.

Tecidas essas considerações, este capítulo percorre um trajeto que analisa (I) o papel da mídia na socialização das crianças, (II) a importância da regulamentação da publicidade direcionada ao público infantil e (III) o potencial pedagógico da *outvertising* na construção de uma cultura mais inclusiva e diversa.

3.1 O PAPEL DA MÍDIA NA SOCIALIZAÇÃO DAS CRIANÇAS

A socialização é um processo ativo e contínuo que ocorre durante toda a infância e adolescência, por meio das experiências e práticas vivenciadas pelas crianças. Esse processo é complexo e dinâmico, sendo influenciado por diversos elementos presentes no meio ambiente, e requer a participação ativa da criança. A mídia é uma das principais fontes de informação e valores para as crianças, e desde cedo elas são expostas a programas de TV, filmes, jogos eletrônicos, músicas e publicidade, o que pode ter um impacto significativo em seu desenvolvimento.

De acordo com Belloni (2014), as famílias e as escolas são os elementos centrais da socialização infantil, seguidos por todos os outros aspectos do universo social da criança. Nesse sentido, faz-se necessário discutir o conceito de alfabetização crítica da mídia, compreendido como "uma resposta educacional que amplia a noção de alfabetização, incluindo diferentes formas de comunicação de massa, cultura popular e novas tecnologias" (Kellner; Share, 2008, p. 691).

> [...] no contexto da contínua expansão da transformação tecnológica e econômica, a alfabetização crítica da mídia é um imperativo para a democracia participativa, pois as novas tecnologias de informação e comunicação, associadas a uma cultura de mídia com base no mercado, fragmentaram, conectaram, convergiram, diversificaram, homogeneizaram, estabilizaram, ampliaram e remodelaram o mundo. Essas mudanças estão reconstruindo a maneira como as pessoas pensam e reestruturando as sociedades, nos níveis local e global (Kellner; Share, 2008, p. 689-690).

Diante desse cenário, considerando o caráter pedagogizante da mídia, é preciso ressaltar que as crianças necessitam aprender a questionar criticamente as mensagens que as cercam e usar a grande variedade de ferramentas disponíveis para expressar suas ideias e exercer plena participação na sociedade.

Nos estudos propostos por esta obra, percebe-se que a publicidade do Burger King Brasil retrata a diversidade de famílias em uma realidade LGBTI+, abordando questões relacionadas à socialização das crianças e como elas enxergam suas vivências familiares nesse contexto. Assim, a publicidade pode servir como uma ferramenta importante para a promoção da diversidade e inclusão na sociedade, contribuindo diretamente com a percepção das crianças sobre esses temas.

A família, a classe social, o bairro e, em algumas situações, a religião podem ser fatores de diferenciação entre as crianças. Por outro lado, a escola e a mídia atuam como fatores de unificação, tendo como objetivo a busca por consenso e coesão social. Essas instituições de socialização são responsáveis por difundir valores e normas considerados comuns a todos os membros de uma sociedade. Por meio deste papel de guardiãs e difusoras, a escola e a mídia colaboram para a formação de uma síntese dos valores hegemônicos que são essenciais para a vida social (Belloni, 2007).

Do ponto de vista da sociologia, o processo de socialização é fundamental para a reprodução das estruturas sociais, sejam elas materiais ou simbólicas. Isso faz com que a socialização seja um mecanismo bastante eficaz de controle social, por isso, diversas instituições sociais, incluindo a família, escola e a mídia, se dedicam à sua atenção e ação. Entretanto, é importante ressaltar que a socialização não é um processo unidirecional de inculcação de valores e saberes. Para a criança, a socialização é um processo de apropriação e construção ativa, em que ela participa e interage com todos os elementos do seu universo, incluindo família, escola e mídia. Portanto, é fundamental que as instituições de socialização considerem a participação ativa das crianças em seu próprio processo de socialização, para que possam promover uma formação crítica e reflexiva.

Conforme Belloni (2014), a sociedade utiliza a socialização como mecanismo de reprodução das suas estruturas simbólicas, o que inclui a transmissão de valores, representações, normas e papéis sociais. Nesse sentido, a publicidade também se insere nesse processo, reproduzindo os valores hegemônicos ou, por vezes, promovendo as mudanças sociais. No entanto, como observado no capítulo um, historicamente a representação e a visibilidade de pessoas LGBTI+ na publicidade foram negativamente estereotipadas, o que refletia os preconceitos e valores sociais dominantes da época. Por meio de uma retórica contraintuitiva e da *outvertising*, a publicidade do Burger King Brasil contribui para a mudança dessa representação, incorporando valores de inclusão e diversidade em sua comunicação.

A assimilação desses conhecimentos, imagens e padrões por parte das crianças compõe o processo de socialização. Esse processo resulta da interação dos jovens com o meio ambiente natural e social em que estão inseridos, e não é meramente resultado da influência das instituições sociais sobre a criança, como algumas teorias clássicas sugerem, a exemplo dos estudos de Durkheim, Weber e Freud.

Para melhor compreender as abordagens clássicas, Belloni explica que para Durkheim, o indivíduo socializado é o produto das influências múltiplas da sociedade, e o objetivo da socialização é a manutenção do consenso que torna possível a vida social. Na concepção do sociólogo, "[...] a educação é a ação exercida pelas gerações adultas sobre as que ainda não estão amadurecidas para a vida social" (Durkheim, 1958, p. 17 *apud* Belloni, 2014, p. 64).

Para Durkheim, a educação é um processo metódico de socialização das novas gerações. Sua função é perpetuar e reforçar a integração social, formando o "ser social", que é um sistema de ideias, sentimentos e hábitos que expressam, não a personalidade individual, mas o grupo ou os diferentes grupos aos quais o indivíduo pertence.

Nesse sentido, Alcântara (2017) ensina que compreender a infância como uma categoria social é aceitá-la como um processo contínuo, construído historicamente pelas relações estabelecidas entre crianças e adultos. É importante considerar o contexto em que essa infância se insere, tais como as práticas, valores políticos, sociais e econômicos de uma determinada sociedade e suas formas de representação em uma determinada época. Se voltarmos ao conceito de gênero marcado pelas dimensões culturais e históricas, conforme Nascimento (2021), podemos analisar a relação da categoria infância com a construção do gênero. De acordo com as pesquisas de Margaret Mead sobre os ritos de iniciação e as diferenças de gênero em tribos de Samoa (Oceania), fica evidente o caráter essencialmente cultural do processo de socialização.

No contexto dos estudos de Mead, realizados nos anos 1930, torna-se claro que não existem personalidades femininas e masculinas inatas, mas, sim, comportamentos de gênero que são moldados por contextos culturais específicos, os quais estabelecem papéis e modelos de comportamento para cada sexo. Por exemplo, nas tribos Arapesh, as atitudes afetuosas em relação às crianças são normas válidas tanto para homens quanto para mulheres, enquanto os homens adotam comportamentos que seriam considerados "femininos" nas sociedades ocidentais. Da mesma forma, na tribo Mundugumor, a agressividade é a norma para ambos os sexos, e as mulheres adotam comportamentos que seriam rotulados como "masculinos" em nossa sociedade. Assim, a socialização tem o poder de gerar tipos sociais adaptados a um contexto específico e moldar as estruturas mentais que caracterizam a personalidade dos indivíduos (Mead, 2004 *apud* Belloni, 2014).

Essa perspectiva antropológica, enraizada na cultura, demonstra claramente que, longe de serem resultados de predisposições naturais, a personalidade e, nesse exemplo específico, os comportamentos relacionados à maternidade, à parentalidade e à criação de crianças são amplamente impactados pela influência da sociedade sobre os indivíduos.

Em sentido semelhante, Spink e Menegon (2013, p. 52) ensinam que

> [...] a pesquisa feminista e a de gênero têm trazido importantes contribuições no sentido de desmistificar a ciência e situá-la como prática social, atravessada por questões de poder que têm como consequência a hierarquização por gênero e a cristalização da diferença.

Para as autoras, no âmbito do feminismo pós-estruturalista, passou-se a refletir criticamente os fundamentos epistemológicos, enfatizando-se que questões morais, políticas e culturais. Dessa forma, "somos essencialmente produtos de nossas épocas e de nossos contextos sociais; não escapamos das convenções aí desenhadas" (Spink; Menegon, 2013, p. 56). Para as autoras, a perspectiva construcionista é uma possibilidade para examinar essas convenções e as entender como regras socialmente situadas.

Em suma, compreender a construção do indivíduo jovem no contexto social exige uma abordagem dialética que reconheça a influência das determinações sociais, porém também a possibilidade de mudança. Os processos sociais são dinâmicos e contraditórios, e é justamente essa dinamicidade que permite a existência da história. Nesse sentido, a sociologia das infâncias, juntamente dos estudos interdisciplinares da comunicação sobre o tema, desempenha um papel fundamental na construção de novas abordagens que possam captar a complexidade desse processo.

Em uma sociedade globalizada, porém diversa e desigual, marcada pela presença massiva de novos objetos técnicos de comunicação e informação que produzem cultura e educação, é necessário desenvolver perspectivas que considerem essa realidade em constante transformação. Essa compreensão interdisciplinar permite explorar as interações entre sociedade, indivíduo jovem e as influências culturais e educativas presentes, visando à construção de um ambiente que promova o desenvolvimento pleno das crianças e adolescentes.

3.2 A IMPORTÂNCIA DA REGULAMENTAÇÃO DA PUBLICIDADE DIRECIONADA AO PÚBLICO INFANTIL

Na abertura deste capítulo, apresentou-se a norma contida no art. 227 da Constituição Federal de 1988. Em consonância com essa disposição constitucional, serão examinados neste subcapítulo o Decreto 678/1992, que ratifica a Convenção Americana sobre Direitos Humanos (Pacto de São José da Costa Rica); o Decreto 99.710/90, que incorpora a Convenção sobre os Direitos da Criança das Nações Unidas; o Estatuto da Criança e do Adolescente (ECA); o Código de Defesa do Consumidor (CDC); a Resolução 163 do Conselho Nacional dos Direitos da Criança e do Adolescente (Conanda); e o Código Brasileiro de Autorregulamentação Publicitária (CBAP). É importante ressaltar que, devido ao foco específico desta obra, as análises estarão restritas aos conteúdos normativos diretamente relacionados ao objeto de estudo, não abrangendo todas as normas presentes nos referidos instrumentos legais.

Com o objetivo de facilitar a compreensão das considerações apresentadas neste subcapítulo, inicialmente se apresenta as normas relacionadas a cada lei, acompanhadas de breves comentários. Após a apresentação dessas normas, procede-se às análises críticas embasadas no estudo da regulamentação da publicidade direcionada ao público infantil.

No plano internacional e incorporados à legislação brasileira por meio de decreto presidencial, a Convenção Americana sobre Direitos Humanos (Decreto 678/1992) e a Convenção sobre os Direitos da Criança das Nações Unidas (Decreto 99.710/90) determinam, respectivamente, que "toda criança terá direito às medidas de proteção que a sua condição de menor requer, por parte da sua família, da sociedade e do Estado" e que cabe aos Estados "incentivar a elaboração de diretrizes apropriadas à proteção da criança contra informações e materiais prejudiciais ao seu bem-estar", bem como protegê-la contra a exploração econômica.

Conforme estabelecido pela Lei n.º 8.069, de 13 de julho de 1990, também conhecida como Estatuto da Criança e do Adolescente, define-se como criança aquele indivíduo com menos de 12 anos incompletos, enquanto adolescente é considerado aquele com idade entre 12 e 18 anos. Com base nessa compreensão, Sampaio (2006) destaca a importância de considerar as implicações resultantes da lógica comercial subjacente aos conteúdos direcionados às crianças e sua manifestação na publicidade.

Embora o Estatuto da Criança e do Adolescente tenha definido o conceito jurídico de criança e adolescente, é importante destacar que esse conjunto de leis não abordou especificamente a questão da publicidade direcionada ao público infantil. Nesse sentido, cabe ao Código de Defesa do Consumidor determinar que a publicidade direcionada a crianças deve ser considerada abusiva. *In verbis*:

> Art. 37. É proibida toda publicidade enganosa ou abusiva. § 1° É enganosa qualquer modalidade de informação ou comunicação de caráter publicitário, inteira ou parcialmente falsa, ou, por qualquer outro modo, mesmo por omissão, capaz de induzir em erro o consumidor a respeito da natureza, características, qualidade, quantidade, propriedades, origem, preço e quaisquer outros dados sobre produtos e serviços. § 2° **É abusiva**, dentre outras a publicidade discriminatória de qualquer natureza, a que incite à violência, explore o medo ou a superstição, **se aproveite da deficiência de julgamento e experiência da criança**, desrespeita valores ambientais, ou que seja capaz de induzir o consumidor a se comportar de forma prejudicial ou perigosa à sua saúde ou segurança (Brasil, 1990, grifo nosso).

Dessa forma, a proibição da publicidade ilícita abarca, principalmente, o princípio da veracidade, que impede a publicidade de induzir o consumidor ao erro, e o princípio da não abusividade, que proíbe a mensagem publicitária de ferir os valores da coletividade.

Conforme apontado no primeiro capítulo desta obra, a publicidade é a ferramenta midiática que se utiliza de recursos persuasivos com fins ao consumo. "Nesse sentido, a publicidade infantil pode ser definida como aquela que tem a finalidade de persuadir a criança ao consumo, para isso, se utilizando de vários artifícios" (Alcântara; Guedes, 2021, p. 67). Em sentido semelhante, o programa Criança e Consumo[26] (2020) define a publicidade infantil "como qualquer comunicação mercadológica direcionada às crianças. Esses anúncios têm como objetivo divulgar e estimular o consumo de algum produto, marca ou serviço".

---

[26] O programa Criança e Consumo foi criado pelo Instituto Alana, em 2006, tendo como objetivo o fim da exploração comercial infantil em todos os espaços, inclusive no ambiente digital.

Considerando os conteúdos normativos até então analisados, o Conselho Nacional dos Direitos da Criança e do Adolescente (Conanda) detalhou as técnicas utilizadas pela publicidade infantil, a fim de que seja considerada abusiva.

> Art. 2º Considera-se abusiva, em razão da política nacional de atendimento da criança e do adolescente, a prática do direcionamento de publicidade e de comunicação mercadológica à criança, com a intenção de persuadi-la para o consumo de qualquer produto ou serviço e utilizando-se, dentre outros, dos seguintes aspectos: I - linguagem infantil, efeitos especiais e excesso de cores; II - trilhas sonoras de músicas infantis ou cantadas por vozes de criança; III - representação de criança; IV - pessoas ou celebridades com apelo ao público infantil; V - personagens ou apresentadores infantis; VI - desenho animado ou de animação; VII - bonecos ou similares; VIII - promoção com distribuição de prêmios ou de brindes colecionáveis ou com apelos ao público infantil; e IX - promoção com competições ou jogos com apelo ao público infantil (Brasil, 2014).

Apesar de o Código Brasileiro de Autorregulamentação Publicitária (CBAP) não possuir força normativa, uma vez que se trata de um regramento ético aplicado pelo Conselho Nacional de Autorregulamentação Publicitária (Conar) e elaborado por integrantes da própria classe do mercado, o código desempenha um papel significativo na regulação da atividade publicitária. Esse código foi desenvolvido com o propósito de assegurar uma prática publicitária ética, honesta e alinhada aos valores da sociedade brasileira. Embora não tenha o poder de impor obrigações ou vincular a atividade publicitária legalmente, o documento possui uma influência considerável, uma vez que reflete um consenso entre os profissionais da área e estabelece um padrão ético que os próprios publicitários desejam seguir em seus trabalhos.

Parte considerável das recomendações presentes no CBAP estão em conformidade com a legislação nacional, o que muitas vezes resulta em meras interpretações dos dispositivos supralegais. Nesse contexto, reconhece-se a hipervulnerabilidade do público infantojuvenil diante de suas mensagens, conforme recomendado no próprio Código. É estabelecido, na norma do art. 37, que nenhum anúncio deve utilizar apelos imperativos de consumo direcionados às crianças e que é fundamental respeitar a dignidade, ingenuidade, credulidade, inexperiência e senso de lealdade das crianças e adolescentes, considerando-se sua capacidade de discernimento presumidamente menor (Conar, 1980).

As diretrizes normativas destacadas anteriormente evidenciam a hipervulnerabilidade inerente às crianças, que as tornam particularmente suscetíveis às pressões comerciais e à influência da publicidade. A criança é inexperiente e desprovida das mesmas habilidades e ferramentas dos adultos para emitir juízos ponderados e discernir entre as mensagens publicitárias e a realidade. Sua capacidade de compreensão, discernimento e crítica ainda está em processo de desenvolvimento, o que as torna legalmente classificadas como civilmente incapazes.

Os profissionais da publicidade que direcionam as comunicações de marcas às crianças, conscientes da sua hipervulnerabilidade, aproveitam-se dessa condição para persuadi-las ao consumo, desrespeitando flagrantemente seus direitos assegurados. Tais direitos incluem a inviolabilidade física, psíquica e moral da criança, bem como a proteção contra qualquer forma de exploração, incluindo a exploração comercial. Ao utilizar estratégias persuasivas, como personagens e ídolos infantis, cores vivas, músicas cativantes e linguagem adequada ao público infantil, a publicidade busca influenciar e direcionar as escolhas e comportamentos das crianças, muitas vezes sem considerar os impactos negativos que tais práticas podem acarretar seu desenvolvimento e bem-estar.

É relevante destacar que o Superior Tribunal de Justiça (STJ) já estabeleceu dois precedentes de grande importância e relevância histórica em relação à ilegalidade da publicidade direcionada à criança. Os casos REsp 1.558.086/SP e REsp 1.613.561/SP, julgados pela Segunda Turma do STJ, reconheceram de forma contundente a abusividade da publicidade que tem como alvo as crianças, seja de maneira explícita ou implícita. Essas decisões têm uma repercussão significativa para a proteção das infâncias, estabelecendo um marco importante no combate às práticas publicitárias abusivas e reforçando a necessidade de regulamentação e fiscalização rigorosa nesse âmbito. Destacamos alguns trechos das referidas decisões, respectivamente, dos ministros Assusete Magalhães e Herman Benjamin:

> Penso eu que, nessa hipótese fática, a situação é ainda mais grave, por ter, como público alvo, a criança, que [...] tem seu discernimento incompleto, mas que, por outro lado, tem uma enorme capacidade de convencimento sobre os seus pais, responsáveis ou familiares, voltada à aquisição daqueles produtos que lhe interessam (Brasil, 2016, p. 9).

> [...] se criança, no mercado de consumo, não exerce atos jurídicos em seu nome e por vontade própria, por lhe faltar poder de consentimento, tampouco deve ser destinatária de publicidade que, fazendo tábula rasa da realidade notória, a incita a agir como se plenamente capaz fosse (Brasil, 2017).

Diante do conceito de publicidade infantil e das legislações analisadas, é possível notar que o direcionamento de publicidade e comunicação mercadológica às crianças e adolescentes é considerado abusivo e, portanto, ilegal. No entanto, é importante ressaltar que a presença ou representação de crianças em anúncios não configura necessariamente publicidade infantil. A definição de publicidade infantil está relacionada às estratégias utilizadas para persuadir, influenciar e direcionar as crianças como público-alvo específico.

> **A criança faz parte da sociedade e é natural que seja representada em publicidades.** Tanto quanto em filmes, séries de TV e outras manifestações artísticas e culturais. **Desde que seja uma atividade compatível com a sua idade e com a legislação, não há nada de errado. A publicidade infantil não é aquela que tem, tão somente, a presença de crianças. Mas é, sim, toda e qualquer ação publicitária que se dirija diretamente a crianças e, para isso acontecer, não é necessário que elas estejam presentes no anúncio.** Muitas vezes são usados apresentadores e influenciadores adultos do universo infantil ou desenhos animados, por exemplo, como forma estratégica para captar a atenção da criança. E o contrário também pode acontecer. Anúncios publicitários com presença de crianças, porém, voltados para o público adulto (quem não lembra das campanhas de margarina?). Então, **não é ilegal uma peça publicitária direcionada para o público adulto contar com a participação de crianças. Isso não a torna uma publicidade infantil** (Criança e Consumo, 2020, grifo nosso).

A campanha publicitária "Como explicar?", do Burger King Brasil, ao utilizar crianças em seu filme publicitário, não deve ser categorizada como publicidade infantil, pois é natural e legítimo que as crianças sejam representadas nas peças publicitárias, considerando que fazem parte da sociedade.

Além disso, é importante destacar que, ao abordar o tema das famílias LGBTI+, a publicidade em questão é adequada à faixa etária das crianças, uma vez que apresenta depoimentos autênticos de crianças que vivem em famílias sexodiversas. Negligenciar a representação de famílias que fogem do padrão cis heteronormativo seria reforçar uma abordagem publicitária higienista, conforme apontado por Mozdzenski (2019). Portanto, a inclusão dessas temáticas na publicidade contribui para a diversidade e a quebra de estereótipos, promovendo uma visão mais ampla e inclusiva da sociedade.

Além disso, o argumento "deixem nossas crianças fora disso" é enganoso, pois são justamente as crianças que estão no centro da discussão. Isso porque existem crianças que nascem em lares LGBTI+ e não há razão para desconsiderá-las. Na verdade, ignorar essas crianças é reforçar a muralha do silêncio e da ignorância sobre os novos arranjos familiares.

As preocupações relacionadas à publicidade direcionada ao público infantil devem focar no fato de que, mesmo com a proibição da publicidade infantil, a presença constante de marcas e produtos no cotidiano das crianças é uma realidade evidente, estimulando sua interação com esses elementos, no entanto esse problema demandaria um estudo específico sobre o tema. Porém, refletimos brevemente que por meio do licenciamento, personagens populares e ídolos, como atores, apresentadores e *youtubers*, se infiltram no universo infantil, integrando-se às brincadeiras, materiais escolares, alimentos, roupas e calçados.

Conforme ressaltado por Sampaio (2009), os agentes do sistema publicitário envolvem as crianças em uma teia de consumo ao expô-las repetidamente a marcas, produtos, personagens e ídolos, resultando no que Schor (2009) denomina de "comercialização da infância". Portanto, é necessário refletir sobre a forma como a publicidade se relaciona com as crianças e buscar soluções adequadas para protegê-las desse excesso de influência comercial.

Sabe-se que "as crianças exercem hoje uma importante influência nas decisões de compra dos adultos" (Carvalho, 2022, p. 12). E, para reforçar esse entendimento, o estudo de Maciel *et al.* (2023) realizou uma pesquisa com 304 pais de crianças de 7 a 12 anos, revelando a existência de quatro segmentos distintos de famílias, em que a maioria das crianças exerce influência na decisão de compra e consumo de alimentos. Mesmo em famílias com restrição econômica, cerca de metade das crianças ainda têm influência nesse processo. Esses resultados contribuem para uma compreensão mais aprofundada da interação entre pais e filhos no contexto das compras familiares, fornecendo informações importantes sobre a dinâmica do consumo infantil.

A análise da veiculação de mensagens publicitárias deve levar em consideração o objetivo primordial da publicidade, que é promover vendas e interesses comerciais. No entanto, é importante ressaltar que a predominância desses interesses não pode ser absoluta, especialmente em um país que tem como fundamentos a dignidade da pessoa humana e os valores sociais da livre iniciativa. Como destacado pelo ministro Luiz Fux, do Supremo Tribunal Federal (STF),

> A imposição de balizas à publicidade infantil, como qualquer restrição regulatória, limita em alguma medida a livre iniciativa e a livre concorrência (art. 170, caput, IV, CRFB), sem que seja, por isso, presumidamente excessiva, máxime quando se trata de comunicação mercadológica de evidente viés persuasivo e apelativo e de um contexto infantil e, acima de tudo, escolar (Brasil, 2021, p. 5).

O dispositivo mencionado pelo ministro demonstra que a manifestação de caráter mercantil, como anúncios publicitários de produtos e serviços, não possui uma proteção absoluta contra restrições motivadas pela proteção dos direitos da infância. Isso significa que a regulação da publicidade direcionada às crianças é plenamente justificada quando se busca salvaguardar o desenvolvimento saudável, a integridade e a proteção dos direitos desses indivíduos em formação.

Portanto, embora a publicidade tenha sua finalidade comercial, é necessário estabelecer limites e balizas para proteger as crianças, considerando a sua vulnerabilidade e a importância de preservar seus direitos e bem-estar. Assim, a regulação da publicidade infantil é um mecanismo legítimo e necessário para conciliar os interesses comerciais com a promoção do desenvolvimento saudável e o respeito aos valores fundamentais de uma sociedade.

É imprescindível questionar por que uma atividade de tamanha relevância como a publicidade deveria estar imune ao controle externo estatal. Embora a existência de uma ética publicitária, desenvolvida por profissionais do ramo e voltada para a própria área, seja louvável, ela se revela insuficiente para proteger todos os valores da sociedade brasileira. O Conselho Nacional de Autorregulamentação Publicitária (Conar), por sua vez, deve ser reconhecido pelo que realmente é: uma entidade privada corporativa que dificilmente se posicionará contrariamente aos interesses econômicos do mercado publicitário.

Diante dessa realidade, torna-se evidente a necessidade de uma regulação externa e efetiva sobre a publicidade, capaz de garantir a proteção dos direitos das crianças e dos valores sociais mais amplos. A autorregulação, embora possa ter seu papel, não é suficiente para assegurar a conformidade da publicidade com princípios éticos e direitos fundamentais. Portanto, cabe ao Estado exercer seu papel de regulador e fiscalizador, estabelecendo normas claras e efetivas, e promovendo ações que visem coibir práticas publicitárias abusivas e desalinhadas com o bem comum.

Ao reconhecer as limitações da autorregulação e a natureza corporativa do Conar, é possível avançar em direção a uma regulação mais abrangente e aberta ao diálogo com a sociedade. Dessa forma, será possível alcançar um equilíbrio entre os interesses comerciais da publicidade e a proteção dos valores sociais e dos direitos das crianças, promovendo assim uma publicidade ética, responsável e que contribua para o desenvolvimento saudável e o bem-estar de toda a sociedade brasileira.

3.3 O POTENCIAL PEDAGÓGICO DA *OUTVERTISING* NA CONSTRUÇÃO DE UMA CULTURA MAIS INCLUSIVA E DIVERSA

Para compreensão deste subcapítulo, é necessário retomar o conceito da *outvertising*, devidamente analisado no capítulo primeiro deste estudo, e seus elementos caracterizadores, na finalidade de apresentar novas contribuições à definição, trazendo o elemento pedagógico como um aspecto importante. Nesse sentido, a publicidade fora do armário se refere a práticas publicitárias que vão além da mera promoção de produtos e serviços, buscando transmitir mensagens de inclusão, diversidade e valores sociais positivos.

Dessa forma, reconhece-se o valor pedagógico da publicidade por sua capacidade de disseminar conhecimento, impulsionar transformações sociais e propagar comportamentos e estilos de vida associados a produtos e marcas (Bezerra, 2019). Isso nos leva a refletir sobre o campo da comunicação como uma esfera midiática que contribui para a disseminação e construção da inclusão na sociedade.

Para reforçar a educação por meio da publicidade, segundo o Plano Nacional de Educação em Direitos Humanos (PNEDH):

> [...] a mídia pode tanto cumprir um papel de reprodução ideológica que reforça o modelo de uma sociedade individualista, não-solidária e não-democrática, quanto exercer um papel

fundamental na educação crítica em direitos humanos, em razão do seu enorme potencial para atingir todos os setores da sociedade com linguagens diferentes na divulgação de informações, na reprodução de valores e na propagação de idéias e saberes (Brasil, 2007, p. 53).

Em referência a citação anterior, é possível observar um exemplo de publicidade coió, conforme proposto por Mozdzenski em sua cartografia da diversidade sexogendérica no campo da publicidade[27]. A Macarrão Curitiba, uma empresa que vende macarrão em copo, divulgou uma peça publicitária[28] com o fundo roxo; no centro, um garfo com macarrão enrolado na ponta; seguido da seguinte composição textual "Vai ficar de viadagem (sic) ou vai fazer um pedido?".

A chamada reforça o modelo de uma sociedade individualista, não solidária e não democrática, já que, de acordo com o dicionário de Oxford Languages, "veadegem" é um brasileirismo ofensivo, definido como comportamento ou trejeito chamativo que se atribui aos homens homossexuais.

Além do anúncio publicitário "Vai ficar de viadagem", da Macarrão Curitiba, também se destaca o conteúdo divulgado nas redes sociais pela Eccoprime, uma instituição educacional privada localizada em Camaragibe, Pernambuco, que criticou o filme publicitário em questão, objeto desta pesquisa.

A publicação no formato carrossel[29] tem dez imagens, que, quando decupadas, apresentam a seguinte mensagem:

Quadro 4 – Decupagem da publicação no Instagram: "Nossas crianças estão sob ataque", da Escola Eccoprime

Imagem	Texto
1	Nossas crianças estão sob ataque
2	"Homem pode casar com homem, mulher com mulher"... "Não tem nada de mais"... Estas foram frases ditas por crianças na ultima (sic) campanha da Burguer King quando chamadas para "explicar" o que significa LGBTQIA+.

---

[27] Para melhor compreensão do texto, recomenda-se a leitura do Quadro 1 desta obra.
[28] Disponível em: https://revistaforum.com.br/lgbt/2021/3/24/vai-fi car-de-viadagem--marca-de-macarro-de-curitiba-acusada-de-homofobia-em-propaganda-94022.html. Acesso em: 19 abr. 2022.
[29] O carrossel é um formato de publicação lançado em 2017 pelo Instagram que permite ao usuário postar uma sequência de imagens ou vídeos, com até 10 itens por publicação. O formato suporta tanto fotos estáticas quanto vídeos de até um minuto.

Imagem	Texto
3	Por que naturalizar este discurso na voz das crianças?
	Segundo @sensusdivinitatis, isto é um projeto que tem por fim promover uma "reeducação sexual" às nossas crianças. Tendo em vista que o desenvolvimento das sinapses dos nossos filhos podem ser enganadas de forma lúdica, diferentemente dos adultos
4	O que fazer para proteger os nossos filhos destas ameaças?
5	Converse com seu filho.
6	Leia a Bíblia com seu filho.
7	Faça culto doméstico em casa.
8	Busque escolas que sejam apoio. Não obstáculo para o seu caminho!
9	Aproveite todas oportunidades para ensiná-lo.
10	Este conteúdo contribuiu para seu entendimento de criação de filhos?
	Salva
	Compartilha

Fonte: Escola Eccoprime (2021)[30]

A partir da leitura da peça anterior, verifica-se que,

> Dentre as observações feitas em apoio ao pronunciamento da instituição, é possível observar: a defesa dos discursos proferidos como uma expressão privada, direcionada apenas aos apoiadores de tais concepções; a equiparação entre o respeito às pessoas LGBTI+ com a ideia de respeito aos princípios morais cristãos; o amparo nos pressupostos da Bíblia para justificar a homossexualidade como uma subversão, um comportamento desviante ou uma prática pecaminosa; a inversão do caráter persecutório, sob a alegação de que seus apoiadores estão sendo perseguidos e falsamente acusados de promover discurso de ódio (Costa *et al.*, 2022, p. 8).

Atrelando as conclusões das autoras no sentido de que o amparo nos pressupostos bíblicos para justificar a homossexualidade como uma subversão estão diretamente relacionados com a "cultura tradicional, os poderes mantenedores próprios da eticidade convencional, do patriotismo, da religião burguesa e da cultura nacional" (Habermas, 2015, p. 227).

---
[30] Disponível em: https://www.instagram.com/p/CQlZTTuB3Lg/?img_index=1. Acesso em: 19 abr. 2022.

No histórico da representação de pessoas LGBTI+ na publicidade brasileira, temos observado a reprodução de estereótipos negativos, o que revela um descompromisso do mercado publicitário com o cumprimento do seu papel social. No entanto, a abordagem da *outvertising* traz uma perspectiva mais comprometida com os Direitos Humanos. Ao romper com anúncios desprovidos de representatividade quanto às identidades de gênero e/ou sexualidades ou ainda que retratem a temática de forma pejorativa, a publicidade fora do armário desempenha um papel fundamental na educação crítica em Direitos Humanos. Sua capacidade de alcançar um amplo público e transmitir mensagens que promovem o respeito à diversidade e a inclusão é uma poderosa ferramenta de transformação social.

A campanha do Burger King Brasil, objeto de análise deste estudo, é significativa por ir além do filme publicitário e lançar uma cartilha com o objetivo de ensinar como abordar o tema da diversidade de identidades de gêneros e sexualidades com as crianças. O texto de abertura, elaborado pela psicóloga Viviane D'Andretta e Silva, especialista em luto e membro do Comitê Nacional de Famílias Plurais da Sociedade Brasileira de Reprodução Humana (CRP 06/102331), aborda de forma direta a questão:

> **Como abordar o tema com crianças e adolescentes?** Abordar qualquer assunto com crianças deve se partir da premissa do que a criança sabe previamente sobre o conteúdo, usar a linguagem que mais se aproxime do vocabulário da criança ou do adolescente [...] Como iniciar a conversa... **A conversa pode partir de você mesmo querendo abordar algum tema específico, mas também pode surgir através de questionamentos da própria criança ou adolescente.** Assim, antes de responder qualquer coisa de pronto, tente ouvir o que a criança já sabe ou acredita sobre o tema, ela poderá trazer respostas bem mais simples e descomplicadas do que podemos imaginar, e através disso, podemos:
> - acrescentar conhecimentos de acordo com a faixa etária de cada um;
> - utilizar linguagem acessível e de fácil entendimento para facilitar a comunicação e o entendimento para a criança ou o adolescente.
>
> **Quando abordamos sobre diversidade, valorizamos que todo indivíduo é único, independentemente de orientação sexual ou identidade de gênero** (Burger King Brasil, 2021, p. 2-3, grifo nosso).

Além do texto introdutório, evidentemente direcionado a mães e pais, a cartilha também apresenta uma breve explicação de termos que frequentemente geram confusão, como sexualidade, gênero, cisgeneridade, transgeneridade, além das diversas identidades de gênero e orientações sexuais, como mulher transexual, homem transexual e pessoas não binárias, a título de exemplos ilustrativos.

Rocha (2006) ressalta que por meio da representação audiovisual, podemos nos conhecer e nos reconhecer como espectadores das nossas próprias vidas reproduzidas em fragmentos. Muitos desses fragmentos são cenas curiosas que permitem exercícios de imaginação, embaralhando os limites e questionando as frágeis diferenças entre ilusão e verdade. É por meio desses fragmentos que nossos modos de ser, nossos afetos e, especialmente, nossas práticas de consumo são revelados. Nesse sentido, refletimos sobre o papel fundamental da representação de pessoas LGBTI+ na comunicação, assim como das diversas estruturas familiares que as compõem.

Existe uma lacuna na representação positiva de pessoas LGBTI+ na mídia, especialmente quando se trata do tema relacionado a crianças. Isso silencia vozes e contribui para a invisibilidade de crianças pertencentes a grupos minorizados, além de negligenciar o impacto de políticas e práticas na educação infantil para promover a diversidade e a inclusão. Nesse sentido, retomamos o problema de pesquisa, percebe-se como a *outvertising* repercute na sociedade, sob a perspectiva de seu caráter pedagógico, desempenhando um papel importante na formação cidadã, junto de instituições educacionais mais tradicionais, como a escola, a família e as religiões.

4

REPERCUSSÕES DA CAMPANHA: ENTRE O ÓDIO E A DIVERSIDADE

> *A injúria, assim, não é apenas uma fala que descreve, mas expressa um domínio, um poder de ferir daquele que pode nomear sobre o outro, que é então objetificado. Ainda nas palavras de Eribon, "a injúria me diz o que sou na medida em que me faz ser o que sou". Essa onipresença do insulto, que está sempre às voltas dos corpos LGBTI+ como ameaça potencial ou concreta, é um dos traços mais comuns da nossa comunidade.*
> (Quinalha, 2023)

Com o intuito de aprofundar a compreensão acerca do contágio resultado da campanha "Como explicar?" do Burger King Brasil, optou-se por abordar as discussões que emergiram nas plataformas digitais, com destaque para o ambiente do Twitter. Nesse espaço virtual, ganharam proeminência as hashtags "#BurgerKingLixo" e "#BurgerKingNuncaMais", as quais catalisaram grande parte das interações. Adicionalmente, destaca-se a crítica tecida pelo apresentador Sikêra Jr. durante o programa policialesco, *Alerta Nacional*, transmitido pela RedeTV!. Para além da esfera midiática, as ramificações dessa campanha reverberaram nas esferas legislativas e jurídicas[31], como evidenciado pelos debates relacionados à retomada do Projeto de Lei (PL) n.º 504/2020 em tramitação na Assembleia Legislativa do Estado de São Paulo. Além disso, é essencial considerar a representação n.º 135/21 do Conselho Nacional de Autorregulamentação Publicitária (Conar), que se encarregou de deliberar sobre as denúncias dirigidas à mencionada campanha.

O propósito deste capítulo reside na minuciosa documentação das repercussões, uma vez que os artefatos de comunicação, frequentemente, são efêmeros na sociedade contemporânea. Para reforçar essa perspectiva, é pertinente ressaltar que, ao longo da elaboração desta obra, a plataforma Twitter passou por uma modificação de nomenclatura para X e passou

---

[31] O termo "jurídico" é empregado em sua acepção mais abrangente neste contexto, transcendendo a limitação ao âmbito do Poder Judiciário. Isso é particularmente evidenciado pela existência de um órgão de autorregulação específico no campo do mercado publicitário, o Conar.

por várias transformações em sua estrutura. Adicionalmente, é importante observar que o discurso proferido por Sikêra Jr. não está acessível nos canais oficiais da emissora. A análise desse discurso só foi viável devido ao fato de que o autor deste estudo procedeu ao download do vídeo, disponibilizado em um canal não oficial do YouTube, e o arquivou em sua coleção pessoal.

Considerando que o escopo da presente investigação se concentra na análise das repercussões de uma campanha publicitária, é imperativo adotar um processo metodológico distinto, o qual demanda o detalhamento das referidas repercussões. Tal procedimento estabelece a base necessária para, subsequentemente, empregar as ferramentas pertinentes à análise do discurso de vertente francesa, por meio da técnica das formações discursivas. Essa abordagem proporciona ao analista a oportunidade de estruturar a análise de maneira sistemática, o que, por sua vez, facilita a melhor compreensão.

4.1 *HASHTAGS* "#BURGERKINGLIXO" E "#BURGERKINGNUNCAMAIS", NO TWITTER

O Twitter, plataforma de micromensagens lançada em outubro de 2006, experimentou um crescimento vertiginoso tanto globalmente como no contexto brasileiro. A essência do Twitter reside na convocação inicial para que os usuários respondam à pergunta "o que está acontecendo" em até 280 caracteres[32]. Dentro dessa plataforma, os indivíduos têm a possibilidade de elaborar seus perfis pessoais, optar por "seguir" outros usuários e, reciprocamente, serem "seguidos". Essas interconexões são manifestas por meio de links presentes nas páginas individuais dos usuários. Cada usuário dispõe do espaço para divulgar suas mensagens, também conhecidas como "*tweets*", aos seus seguidores, os quais acompanham essas postagens por meio de uma janela dedicada (Recuero; Zago, 2009).

A estrutura básica do Twitter possui algumas seções essenciais. São elas:

I. Foto de perfil e capa: a foto do perfil não é apenas visível na página de perfil. Essa imagem representa o ícone associado a cada *tweet* publicado pela conta.

---

[32] Os *tweets* foram limitados a 140 caracteres até novembro de 2017, quando a rede social expandiu o limite para 280 caracteres. Disponível em: https://super.abril.com.br/coluna/oraculo/como-se-definiu-o-numero-de-caracteres-de-um-tweet. Acesso em: 30 ago. 2023.

II. Nome de exibição e o @nome da conta: o @nome da conta, que sucede o "@" e é único para cada perfil. Ele figura no URL do perfil e está vinculado a todas as atividades do perfil no Twitter. Esse nome pode conter até 15 caracteres.

III. Bio: essa seção possibilita a inserção de informações diversas, como um link direto para um website, a localização do usuário e outros detalhes julgados relevantes.

IV. *Tweet* fixado: recurso, que coloca um post no topo das publicações da conta do usuário, é útil para destacar uma informação, comentário, foto ou vídeo.

Os *tweets* oferecem aos usuários a capacidade de associar-lhes *hashtags*. Uma *hashtag* consiste em uma palavra ou frase que é prefixada com o símbolo # (chamado *hash*, em inglês). Essencialmente, qualquer combinação de letras ou caracteres — mesmo que aleatória — precedida pelo símbolo "#" pode ser considerada uma *hashtag*, visto que esse conceito é uma formalização da linguagem que carece de semântica intrínseca (Costa-Moura, 2014).

> A importância das *hashtags* cresceu com a ascensão e popularidade do *Twitter*. Mas elas se tornaram instrumento político durante os protestos relacionados às eleições iranianas de 2009-2010, como meio de identificar e classificar os assuntos dos posts e conectando (por meio das palavrinhas estanques e facilmente identificáveis) internautas dentro e fora do Irã, de modo a contornar a dificuldade da língua. No *Tweeter* (sic), onde surgiram, elas eram utilizadas em frases ou palavras para interligar assuntos ou vários posts sobre um mesmo assunto - e acabaram se tornando essenciais para a indexação de conversações por temas e palavras (o sistema tendo sido por fim adotado por várias outras redes sociais como Instagram e Facebook). Com o tempo, mas em velocidade recorde, as *hashtags* se tornaram verdadeiros fóruns de discussão *ad hoc*, não moderados, globais e horizontalizados. Qualquer *hashtag*, se promovida por número suficiente de posts pode virar 'tendência' e atrair mais usuários para discussão em torno do tópico proposto (Costa-Moura, 2014, p. 151).

Diante desses aparatos da plataforma digital, após a veiculação da campanha "Como explicar?" do Burger King Brasil, as *hashtags* "#BurgerKingLixo" e "#BurgerKingNuncaMais" estavam entre as mais comentadas do Twitter. Consumidores se posicionavam contra a marca e faziam campanha contra o consumo dos produtos.

No transcurso desta pesquisa, mais especificamente em 27 de outubro de 2022, o Twitter foi adquirido por Elon Musk. Desde então, uma série de modificações substanciais vêm sendo implementadas em toda a estrutura da plataforma. Nesse contexto, durante um curso sobre métodos e pesquisa na internet, o autor entrou em contato com a pesquisadora Adriana Amaral a fim de indagar sobre as possíveis abordagens para a catalogação de dados após as reformulações da plataforma. Tal questionamento surgiu devido à indisponibilidade dos dados, uma vez que estes não são mais acessíveis de forma aberta. De acordo com a pesquisadora, vários estudiosos estão enfrentando desafios similares ao lidar com a confiabilidade dos dados da nova configuração da plataforma. Além disso, a coleta manual dos dados se revela impraticável considerando o prazo desta pesquisa, pois demandaria um esforço substancial para classificar e analisar o volume de informações em questão. Frente a esse cenário, a reflexão sobre a construção dos significados subjacentes a essas *hashtags* ganha relevância, uma vez que esses elementos são cruciais para a compreensão da percepção pública acerca da campanha em análise.

Diante das considerações expostas anteriormente e a compreensão das restrições associadas à coleta de dados, incluindo a influência dos algoritmos — cuja discussão não é o foco desta obra — apresentam-se a seguir alguns tweets que empregaram as hashtags, visando a compreensão do fenômeno em análise: "Burger King LIXO!" (Pedroso, 2021); "Com certeza Vamos boicotar até virar pó #BurgerKingLixo!!" (Messias, 2021); "Crianças respondem contra a campanha diabólica do BURGER KING #BurgerKingLixo" (Andrade, 2021); e "Nunca #BurgerKingLixo" (Alken, 2021).

Cumpre destacar que aos textos anteriormente citados, os usuários adicionaram imagens, a fim de destacar seus posicionamentos.

O levantamento das discussões envolvendo as *hashtags* #BurgerKingLixo e #BurgerKingNuncaMais transcende a mera análise de mercado, adentrando esferas mais amplas e complexas. A relevância dessa investigação vai além dos interesses dos concorrentes, pois é impulsionada por um fenômeno mais intrincado: o ativismo digital por parte dos consumidores, manifestado como uma espécie de "terrorismo de marca" (Domingues, 2013). Essas *hashtags* não apenas desencadeiam um diálogo sobre a qualidade dos produtos e serviços de uma empresa, mas também levantam questões mais profundas relacionadas à ética, responsabilidade social e valores corporativos. A mobilização dos consumidores para criticar e denunciar, por meio dessas hashtags, insinua um novo paradigma de engajamento, a voz individual encontra um eco coletivo nas redes sociais. Portanto, compreender a quem beneficia essa discussão é mergulhar na intersecção entre a esfera comercial, os princípios cívicos e a influência social, delineando assim um panorama multifacetado da influência das mídias digitais na construção da percepção pública e nas dinâmicas de mercado.

4.2 CRÍTICA DO APRESENTADOR SIKÊRA JR., DURANTE O PROGRAMA *ALERTA NACIONAL*, DA REDETV!

Fundada em 1999, a RedeTV! (TV Ômega LTDA.) é propriedade conjunta dos empresários Amilcare Dallevo Jr. e Marcelo de Carvalho. A emissora detém concessões para operar nas cidades de São Paulo, Rio de Janeiro, Belo Horizonte, Recife e Fortaleza, e ambos os empresários têm sido parte integral da RedeTV! desde sua inauguração.

Por ser uma emissora nacional de televisão aberta no Brasil (Lopes; Mungioli, 2015), a RedeTV! está sujeita a monitoramento por parte da Kantar Ibope Media, uma empresa de pesquisa de mídia líder na América Latina. Essa empresa é responsável pelo Painel Nacional de Televisão (PNT), que engloba a audiência coletiva das 15 áreas metropolitanas pesquisadas eletronicamente pela Kantar Ibope Media.

Apesar de possuir uma abrangência nacional, em nossas pesquisas percebemos que a Rede TV! tem sido objeto de estudo por um número reduzido de pesquisadores, em grande parte devido à sua menor visibilidade em comparação com as concorrentes do setor privado, como Globo, Record, SBT e Band. No entanto, é fundamental reconhecer a importância de investigar essa emissora, uma vez que ela está presente nos lares de muitos brasileiros.

No que diz respeito aos empresários por trás da RedeTV!, é relevante salientar que Marcelo de Carvalho tem desempenhado um papel mais proeminente nos meios de comunicação em comparação ao seu sócio, Amilcare Dallevo Jr. Para ilustrar essa afirmação, é instrutivo analisar uma comparação entre a presença dos nomes dos dois empresários no Google Trends[33], durante o período de 2 de setembro de 2018 a 2 de setembro de 2023 (cinco anos), conforme demonstrado na captura de tela a seguir:

---

[33] O Google Trends é uma ferramenta do Google que mostra os mais populares termos buscados em um passado recente. A ferramenta apresenta gráficos com a frequência em que um termo particular é procurado.

Gráfico 1 – Gráfico (captura de tela) da busca pelos termos comparados "Amilcare Dallevo Jr." (em azul) e "Marcelo de Carvalho" (em vermelho) no Google Trends

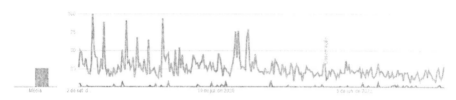

Fonte: Google Trends, 2023[34]

Além de empresário, sócio-fundador e acionista da RedeTV!, Marcelo de Carvalho é responsável por apresentar os programas *Mega Senha* e *O Céu é o Limite*. Isso evidencia sua significativa atuação e influência dentro da emissora, destacando seu envolvimento direto nas operações e nas dinâmicas da programação.

Nesse contexto, torna-se ainda mais evidente que Marcelo de Carvalho expressa seu posicionamento político e ideológico por meio de sua conta no Twitter, estabelecendo conexões diretas, como demonstra seu perfil @MarceloCRedeTV, inclusive, com o jornalismo praticado pela emissora. Isso não apenas reflete suas convicções pessoais, mas também sublinha a capacidade de sua presença nas redes sociais de influenciar as narrativas e o ambiente informativo da RedeTV!

Em 1º de setembro de 2022, Marcelo de Carvalho publicou um *tweet* celebrando a entrevista realizada com o ex-presidente da república Jair Bolsonaro durante o programa jornalístico *RedeTV! News*. *In verbis*, "Parabéns ao jornalismo da @RedeTV por fazer uma abordagem onde (sic) o presidente, candidato à reeleição, pode apresentar suas PROPOSTAS. Isso será feito com os demais. Sem viés, sem partidarismo, sem facciosismo, como deve ser". Essa atitude acabou sendo destaque em diversos portais de notícias[35].

Um outro exemplo, foi a publicação de 4 de julho de 2022, ocasião em que o empresário publicou o seguinte texto (*sic*):

---

[34] Disponível em: https://trends.google.com/trends/explore?date=today%205-y&q=Amilcare%20Dallevo%20Jr.,%2Fg%2F122_mbpt. Acesso em: 2 set. 2023.

[35] A título exemplificativo, o portal *Observatório da TV* publicou matéria intitulada: "Dono da RedeTV! ironiza TV Globo após entrevista com Bolsonaro em seu canal: 'Sem partidarismo'". Disponível em: https://observatoriodatv.uol.com.br/noticias/dono-da-redetv-ironiza-tv-globo-apos-entrevista-com-bolsonaro-em-seu-canal-sem-partidarismo. Acesso em: 1 set. 2023.

> BOLSONARO NA FOGUEIRA DA INQUISIÇÃO: em minha opinião os estrategistas da esquerda estão errando. Essa perseguição a Bolsonaro sem fim, implacável, (agora estão falando em mais multas, em inelegibilidade a partir de 2030 etc) pode gerar um efeito rebote. Em primeiro lugar é natural que as pessoas se solidarizem com "mártires". Mas, principalmente, com ele fora do baralho é fato que 58 milhões de pessoas votaram nele (e portanto nas teses conservadoras), mas há um grande número de eleitores que não gostam nem dele, nem da esquerda. São 34 milhões de pessoas que não votaram nem em um, nem em outro- portanto em tese um candidato conservador herda os votos da direita mas nao a rejeição ao ex presidente, uma ameaça muito maior para a esquerda do que se JB seguisse no páreo. O futuro dirá. Mas acho que pesaram muito a mão (Carvalho, 2023).

Além dos discursos de Marcelo de Carvalho, outras comunicações da emissora corroboram seu posicionamento ideológico. Um exemplo disso é a entrevista[36] realizada por Luís Ernesto Lacombe com o ex-presidente, veiculada no programa *Agora é com Lacombe*, em 25 de novembro de 2021, com uma duração de 57 minutos e 55 segundos e adotando um tom amigável em suas interações. Essa abordagem reforça de maneira notável a influência direta do alinhamento da emissora e de seus interesses ideológicos.

O programa policialesco *Alerta Nacional*, liderado por José Siqueira Barros Júnior, mais conhecido como Sikêra Jr., também reflete os interesses da Rede TV! O *Alerta Nacional* fez sua estreia em 28 de janeiro de 2020, sendo veiculado tanto na televisão quanto nas plataformas digitais da emissora. Em sua concepção, ele se destaca por ser o primeiro programa jornalístico da televisão brasileira produzido a partir da região Norte, onde é apresentado diretamente do estúdio da TV A Crítica. Conta com a colaboração de uma equipe de repórteres da RedeTV! mobilizados a partir dos principais centros urbanos do país, proporcionando reportagens e participações ao vivo com notícias de abrangência nacional (Magalhães; Cruz; Do Vale, 2021).

> Sikêra Jr., à frente do programa, tem uma trajetória profissional construída por sua atuação como repórter e apresentador em meios comunicação de massa, como rádio e televisão. Porém, ele ficou conhecido por noticiar fatos acompanhados por comentários tidos como "polêmicos", por meio de um discurso também entendido como opressor (Magalhães; Cruz; Do Vale, 2021, p. 134).

---

[36] Disponível em https://www.youtube.com/watch?v=kQLK6uiSMR0. Acesso em: 27 jul. 2023.

No contexto deste estudo, em 26 de junho de 2021, o apresentador em questão proferiu críticas em relação ao filme publicitário "Como explicar", do Burger King Brasil. Em suas declarações, ele expressou: "Nojo de vocês! O que vocês tão fazendo com as crianças hoje é nojento [...] Vocês não vão ter filhos. Vocês não reproduzem. Vocês não procriam. E querem acabar com a minha família e com a família dos brasileiros. Vocês são nojentos. Vocês chegaram ao limite". Essas palavras exemplificam como o programa de Sikêra Jr. desempenha seu posicionamento por meio de uma emissora de alcance nacional.

Cumpre destacar que na semana de 21 de junho a 27 de junho de 2021, o *Alerta Nacional* esteve entre os 10 programas com maior audiência da emissora, marcando 1,2% de audiência domiciliar, no consolidado dos 15 mercados regulares aferidos pela Kantar Ibope[37]. Além disso, para mensurar a repercussão na mídia digital, o termo de pesquisa "Sikêra Jr." registrou 91 pontos Google Trends, sendo a segunda maior busca durante o período de 1ª de janeiro de 2019 a 31 de dezembro de 2022, conforme captura de tela a seguir.

Gráfico 2 – Gráfico (captura de tela) da busca pelo termo "Sikera Jr" no Google Trends

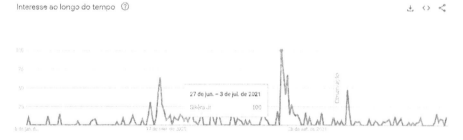

Fonte: Google Trends, 2023[38]

Em um artigo de responsabilidade do autor desta obra em colaboração com a professora e pesquisadora Dr.ª Liliane Maria Macedo Machado, atualmente em processo de publicação, o discurso em questão foi transcrito e submetido a uma análise das formações discursivas presentes. Durante essa análise, os autores identificaram três formações discursivas distintas: (I) religiosa fundamentalista; (II) em defesa da pátria; e da (III) família tra-

---

[37] Disponível em: https://kantaribopemedia.com/conteudo/dados-rankings/dados-de-audiencia-nas-15-pracas-regulares-com-base-no-ranking-consolidado-21-06-a-27-06-2021/. Acesso em: 31 jan. 2023.
[38] Disponível em: https://trends.google.com.br/trends/explore?date=2019-01-01%20 2023-01-31&geo=BR&q=Sik%C3%AAra%20Jr. Acesso em: 31 jan. 2022.

dicional brasileira. Notavelmente, essas categorizações se entrelaçam em diversos momentos com o fenômeno do bolsonarismo. Isso é exemplificado pelo fato de que, durante o terceiro bloco do debate presidencial promovido pela Rede Globo, realizado em 28 de outubro de 2022, Jair Bolsonaro ergueu as mãos para o céu e proclamou: "Deus, pátria, família e liberdade. Obrigado meu Deus por esse momento!"[39].

Assim, a análise das instituições responsáveis pela produção do discurso jornalístico pode ser ainda mais reveladora do que a análise exclusiva do conteúdo dos textos, pois expõe os processos de produção e controle da informação que frequentemente permanecem ocultos. Conforme destacado por Traquina (2005), essa perspectiva encontra respaldo na teoria organizacional de Warren Breed. Em seu estudo intitulado "Controle social da redação: uma análise funcional", Breed investiga a integração do jornalista em seu contexto imediato, ou seja, a organização para a qual ele trabalha.

> Breed sublinha a importância dos constrangimentos organizacionais sobre a atividade profissional do jornalista e considera que o jornalista se conforma mais com as normas editoriais da política editorial da organização do que com quaisquer crenças pessoais que ele ou ela tivesse trazido consigo (Traquina, 2005, p. 152).

Em síntese, quando se examina o posicionamento ideológico da emissora RedeTV!, que transmitiu o discurso objeto deste estudo, depara-se com figuras proeminentes que adotam claramente uma postura de extrema-direita, alicerçada no ódio irrestrito contra a comunidade LGBTI+.

4.3 PROJETO DE LEI (PL) N.º 504/2020, EM TRAMITAÇÃO NA ASSEMBLEIA LEGISLATIVA DO ESTADO DE SÃO PAULO

Sob autoria da deputada estadual Marta Costa (PSD) e do ex-parlamentar Frederico d'Avila, o Projeto de Lei n.º 504/2020 tem como ementa "[proibir] a publicidade, através de qualquer veículo de comunicação e mídia de material que contenha alusão a preferências sexuais e movimentos sobre diversidade sexual relacionados a crianças no Estado".

Embora tenha sido proposto em 2020, ou seja, antes da veiculação da campanha da Burger King Brasil que está sendo analisada, o processo legislativo desse projeto ainda está em curso, encontrando-se atualmente

---
[39] Disponível em: https://g1.globo.com/politica/eleicoes/2022/noticia/2022/10/28/debate-da-globo-do-2o-turno-para-presidente-veja-integra-em-videos.ghtml#bloco3. Acesso em: 6 fev. 2023.

na fase de distribuição ao deputado Dr. Eduardo Nóbrega (PSDB). Isso significa que, ao longo de seu trâmite, o projeto novamente entrou em discussão durante a veiculação da campanha publicitária, reacendendo o debate em torno de seu conteúdo.

Em resposta ao PL n.º 504/2020 da Assembleia Legislativa do Estado de São Paulo (Alesp), várias marcas expressaram sua oposição a esse projeto de lei (Propmark, 2021). Entre essas marcas, o Burger King também reiterou seu posicionamento em seus perfis em plataformas digitais[40].

Além do posicionamento das marcas, a Federação Nacional das Agências de Propaganda (Fenapro) também se posicionou contra o PL. Em entrevista ao portal ABC da Comunicação, Daniel Queiroz, na época presidente da entidade, afirmou que

> [...] [a] publicidade, de forma geral, tem um papel social importantíssimo e não pode ser tolhida por leis que vão na contramão da realidade da sociedade. Por isso não faz sentido ter limitações ao retratar em suas mensagens as uniões homoafetivas e as diferentes famílias que a compõem e fazem parte da nossa sociedade, com o devido cuidado e respeito. O Projeto de lei 504/2020 é inconstitucional e representa um grande retrocesso não só para o setor de publicidade, mas para a sociedade como um todo, por seu caráter discriminatório e atentatório à liberdade de expressão (Queiroz, 2021).

Diante desses conflitos, a deputada estadual Erica Malunguinho (PSOL) propôs uma emenda ao PL para remover a parte que se referia à "alusão a preferências sexuais e movimentos sobre diversidade sexual relacionadas a crianças". Em uma matéria[41] publicada pela *Vogue Globo* (2021), destaca-se uma declaração da parlamentar sobre o caso: "[...] é indiscutível a necessidade de proteção das infâncias e das adolescências. Contudo, associar a violação dos direitos das crianças e adolescentes às diversidades sexuais e de gênero é desumanizador e cruel".

Assim, torna-se evidente um entrelaçamento entre o mercado publicitário, representado por anunciantes, agências, veículos e órgãos de representação, e questões políticas e legislativas. Nesse contexto, a pauta LGBTI+ é novamente abordada sob a perspectiva da influência que exerce sobre as

---

[40] Disponível em: https://www.instagram.com/p/CN-egDsrFWn/?utm_source=ig_embed&ig_rid=e919645b-7a8b-4e8e-a210-8f5389016721. Acesso em: 6 set. 2023.

[41] Disponível em: https://vogue.globo.com/atualidades/noticia/2021/04/emenda-proposta-por-erica-malunguinho-para-alterar-pl-5042020-que-proibe-publicidade-lgbtqia-e-aprovada-na-alesp.html. Acesso em: 6 set. 2023.

infâncias e adolescências, resultando na atuação de diversos atores sociais. Além disso, é pertinente questionar e refletir: em que medida a defesa da pauta pelo mercado publicitário está entre uma preocupação com o tema ou um instrumento de liberdade criativa, visando o contágio?

4.4 REPRESENTAÇÃO N.º 135/21 DO CONSELHO NACIONAL DE AUTORREGULAMENTAÇÃO PUBLICITÁRIA (CONAR)

O Conselho Nacional de Autorregulamentação Publicitária (Conar) é o órgão encarregado por autorregular a publicidade no país. Conforme registrado em seu site, a origem da entidade remonta a um período de ameaça ao setor: nos derradeiros anos da década de 1970, o governo federal cogitava promulgar uma legislação que instituiria uma modalidade de controle prévio sobre a propaganda.

Nesse contexto, em 1977, o Código Brasileiro de Autorregulamentação Publicitária (CBAP) foi elaborado, e obteve aprovação no ano subsequente, durante o Terceiro Congresso Brasileiro de Propaganda. A concretização desse marco culminou, em 1979, na instituição da Comissão Nacional de Autorregulamentação Publicitária, que deu início à aplicação prática do referido Código.

Para a devida aplicação do CBAP, é imperativo salientar que a estrutura do Conar não engloba a representação direta de consumidores, associações de consumidores ou entidades governamentais responsáveis pela proteção dos direitos dos consumidores. Vale notar que existe, de fato, uma restrição estatutária que proíbe a participação de indivíduos que ocupem cargos de confiança na administração pública direta ou indireta (conforme estabelecido no art. 41). Essa disposição reflete um princípio de cautela em relação ao setor público, uma cautela que, entretanto, não é aplicada com o mesmo rigor no contexto do mercado publicitário (agências, veículos e anunciantes). Devido à sua composição, que não abarca representantes de interesses exteriores ao âmbito da publicidade, assim como devido aos procedimentos adotados, não é possível alcançar o nível desejado de transparência na condução das atividades do Conar (Pasqualotto, 2017).

À luz do exposto, torna-se evidente que o Conar sustenta a perspectiva de que somente por meio da autorregulação é possível estabelecer uma forma adequada de regulação para o mercado publicitário. No entanto, é imperativo ponderar que o mercado não se caracteriza como um ente imparcial ou desprovido de influências.

Os julgamentos do Conar são sempre submetidos a posteriori, em virtude da diretriz da entidade que repudia qualquer forma de censura prévia às peças publicitárias, conforme explicitamente declarado: "[o] Conar repudia qualquer tipo e não exerce em nenhuma hipótese censura prévia sobre peças de propaganda"[42]. No entanto, é assegurado que o órgão é capaz de tomar uma medida liminar de suspensão, que pode ser aplicada em questão de horas a partir do momento em que uma denúncia é recebida.

Contudo, é pertinente ressaltar que essa prática nem sempre é conduzida com a devida celeridade. Um caso exemplar é o da Representação 88/2015, que julgou campanha veiculada em junho de 2015, para Dia dos Namorados, da marca O Boticário, a qual destacava casais homoafetivos. Essa representação específica, concernente a tal campanha, somente foi levada a julgamento em julho daquele ano. Independentemente das considerações relacionadas ao mérito, a determinação foi emitida em um momento tardio, resultando em medidas corretivas de alcance limitado.

Situação semelhante ocorreu com a Representação 135/21, que julgou a campanha "Como explicar?" do Burger King Brasil, objeto deste estudo. Apesar de a denúncia ter sido apresentada em junho, a deliberação pelo arquivamento somente ocorreu em setembro. O resumo da decisão está disponível para o público no site do Conar. No entanto, em contato com o órgão foi solicitada a íntegra da decisão, o que só foi possível após um pedido ao departamento jurídico do Conar e mediante assinatura de um termo de responsabilidade pelo uso de dados e pela íntegra do texto. Esse episódio revela uma transparência parcial da instituição. Dado que o Conar é um órgão de autorregulamentação que desempenha, em certa medida, uma função pública social, suas decisões deveriam ser de conhecimento público, da mesma forma que as decisões do Poder Judiciário são acessíveis ao público em geral.

O objeto e a íntegra da referida decisão estão divididos em várias seções, incluindo *clipping*, degravação, acusação, pedido, defesa, voto do relator e acórdão. Essa estrutura guarda certa semelhança com as decisões judiciais. No entanto, para os fins deste trabalho, a atenção será concentrada principalmente nas seções de acusação, pedido, defesa, voto do relator e acórdão, uma vez que essas partes são mais relevantes para o objetivo da pesquisa.

---

[42] Ressalta-se que o Conar utiliza os termos "publicidade" e "propaganda" sem considerar as distinções conceituais apresentadas no primeiro capítulo desta obra.

A acusação apresentada pela União Nacional das Igrejas e Pastores Evangélicos (Unigrejas), com base no art. 17 do Estatuto da Criança e do Adolescente, visou a apuração de irregularidades na produção e veiculação da campanha publicitária do Burger King. Alegou-se que a campanha expõe crianças de várias faixas etárias a perguntas sobre diversidade sexual, o que é considerado inapropriado para suas idades e violador de sua integridade física, psíquica e moral, uma vez que estão em fase de formação e não possuem maturidade para discernir sobre tais questões. A Unigrejas argumentou que a publicidade, embora declarada como uma reflexão, gerou manifestações negativas nas redes sociais, evidenciando o descontentamento de muitas pessoas e preocupação com a sexualização precoce das crianças. Além disso, alegou que a campanha busca incutir uma nova cultura baseada em uma teoria sem comprovação científica, que está sujeita a debates nos campos científico, religioso, filosófico e moral. Destacou-se também a preocupação com a influência sobre crianças e adolescentes extremamente vulneráveis, a quem se pretende reeducar sexualmente.

Na defesa apresentada pelo Burger King Brasil, a empresa destacou que a campanha publicitária veiculada durante o mês orgulho LGBTI+ tinha o propósito de conscientizar sobre a importância do respeito e da promoção da equidade de todas as identidades de gênero e orientações sexuais. A empresa enfatizou seu compromisso de longa data com a diversidade e respeito à comunidade LGBTI+. No que diz respeito à participação de crianças na campanha, o Burger King Brasil afirmou que foram selecionadas crianças que não são atores, com idades entre 5 e 12 anos, de diferentes estruturas familiares. Destacou, ainda, que não houve ensaios nem roteiro prévio para as respostas das crianças, que foram questionadas sobre vivências familiares LGBTI+. Todas as crianças estavam acompanhadas de seus responsáveis e possuíam autorização judicial para participar da filmagem, emitida pela Vara da Infância e Juventude do Fórum Central de São Paulo. A empresa ressaltou que a campanha não oferecia produtos ou serviços, sendo puramente institucional, com o logotipo aparecendo apenas no final da mensagem. Argumentou também que o direito à livre identidade de gênero está alinhado com o princípio da dignidade da pessoa humana e que o Supremo Tribunal Federal já reconheceu as uniões homoafetivas como núcleos familiares com os mesmos direitos. Por fim, a empresa enfatizou que a homofobia é crime no Brasil e que a denúncia parece mais motivada por preconceito dos denunciantes do que por preocupação genuína com a "inocência" das crianças envolvidas na campanha.

Considerando a acusação, que solicitava a retirada da referida campanha do ar, e a defesa apresentada, o relator conselheiro Ruy Lindenberg Câmara proferiu um voto emblemático, cuja leitura na íntegra da decisão é apresentada a seguir, nos termos seguintes (*sic*):

> [...] O relator propôs o arquivamento da representação. Ele iniciou seu voto historiando fatos e decisões em prol da diversidade. "O faço para enfatizar como situações que são óbvias para muitos de nós nos dias de hoje são na verdade conquistas muito recentes da sociedade e por isso mesmo objeto de tanta discussão, incompreensão, resistências e paixões", escreveu o relator. "Andamos muito rápido por um lado ao mesmo tempo que andamos muito lentamente por outro. Tudo depende do ponto onde nos encontramos, do que estamos vendo, sentindo, participando ou não destas importantes mudanças que envolvem religião, valores, ética e cultura. Este é o quadro de fundo desta representação". Vai adiante o relator: "um dos argumentos mais recorrentes dos críticos desta peça publicitária é 'deixem as crianças fora disso?'. Mas estes mesmos críticos não deveriam esquecer que muitas destas crianças estão exatamente no centro desta discussão, pois elas nasceram em lares homoafetivos e não há como deixá-las fora disso. E deixar de fora as crianças que nasceram em lares mais tradicionais seria ajudar a criar uma muralha de silêncio e certamente de ignorância sobre aqueles novos lares cada vez mais comuns na sociedade". "É claro que estamos vivemos num tempo de grandes transformações sociais e dá para entender que muitos pais e mães se sintam incomodados em responder às perguntas dos seus filhos porque eles mesmos têm que se informar. Mas este é o papel dos pais, seja em uniões hetero ou homoafetivas. E se for para incomodar alguém, que não sejam aquelas crianças que já têm o incômodo de serem diferentes, o incômodo do silêncio, o incômodo da zombaria e tantas vezes o incômodo do *bullying*. Além disso, sabemos que hoje as crianças têm acesso muito cedo às redes sociais, e as informações fazem parte do seu dia a dia, através dos influenciadores, das músicas, das personalidades e dos acontecimentos". "Como foi lembrado pela defesa, o Brasil registra o assassinato de uma pessoa LGBT a cada 23 horas. Diante disso grandes marcas, veículos de comunicação e influenciadores começam a trazer à luz estes temas, procurando dar visibilidade a estas pessoas, conscientizando a sociedade sobre esta luta". O relator considerou que os cuidados tomados na campanha são suficientes

para proteger as crianças. "Não vejo o comercial do Burger King querendo convencer, doutrinar, catequizar, evangelizar nem reeducar sexualmente ninguém. Entendo que o objetivo seja o de demonstrar que nos lares homoafetivos os filhos também podem encontrar amor, carinho e respeito, como se espera de qualquer outro lar. Simples assim". Seu voto foi aceito por unanimidade (Conar, 2021).

O discurso do Conselheiro Ruy Lindenberg Câmara na decisão do Conar reflete a importância do posicionamento deste órgão em consonância com os Direitos Humanos. Câmara contextualiza o cenário de transformações sociais, enfatizando que as discussões sobre diversidade de identidades de gênero e sexualidades são parte integrante da realidade contemporânea. Ele destaca que muitas crianças nascem em lares homoafetivos e que não podem ser excluídas dessas discussões, pois fazem parte do centro da temática.

O relator argumenta que proteger essas crianças da discriminação e do preconceito é essencial, e que a campanha do Burger King busca justamente mostrar que nos lares homoafetivos, assim como em outros lares, o amor e o respeito são valores presentes. Câmara ressalta que a publicidade não tem a intenção de doutrinar ou reeducar sexualmente ninguém, mas, sim, de promover a visibilidade e a conscientização sobre a realidade dessas famílias.

Apesar das críticas anteriormente levantadas ao Conar, nesse caso, especificamente, o voto do Conselheiro, que foi aceito por unanimidade, demonstra o compromisso do órgão com os princípios de igualdade, diversidade e respeito aos Direitos Humanos. No entanto, é preciso considerar que o Conselho de Autorregulamentação nem sempre se posicionou nesse sentido. Para exemplificar este argumento, ressaltamos o arquivamento por parte do órgão quanto à publicidade "Esqueci o não em casa", da Ambev (Representação n. 027/15), cujo resumo da decisão pode ser lido a seguir:

> Grupo de consumidoras reclamou de publicidade em mídia exterior da Skol, veiculada às vésperas do Carnaval, com a frase acima. Elas consideraram que a peça publicitária podia implicar o estímulo ao abuso, constrangimento e intervenção na liberdade de comportamento e autonomia de decisão, em especial da mulher. Em sua defesa, anunciante e agência informaram os contornos da campanha em que a peça publicitária estava inserida e que propõe ao consumidor "aceitar os convites que a vida faz". Negou a defesa a interpretação dada à frase, lembrando que não há imagem no cartaz de

quem pudesse estar vocalizando-a, o que, por si só, já deveria afastar qualquer entendimento de que haveria intenção de tratar de assuntos ligados a sexo. Pelo contrário, argumenta a defesa, a peça publicitária reforça o poder de escolha das pessoas sobre o que querem fazer. Informou ainda a defesa que foi feito contato com o grupo de queixosas e, em respeito a elas, optou-se voluntariamente pela retirada do anúncio. O relator da representação sugeria a alteração, por considerar que a frase, ainda que pertinente ao contexto da campanha, quando vista isoladamente pode dar margem à interpretação que originou a reclamação. Seu voto, no entanto, foi vencido no Conselho de Ética pela recomendação de arquivamento. O autor do voto vencedor argumentou que a frase não é dúbia, não faz insinuações maliciosas, tampouco é feita como uma recomendação do anunciante (Conar, 2015).

Apesar da decisão do Conselho de Ética do Conar pelo arquivamento, a Ambev, pressionada pelas consumidoras, substituiu rapidamente a campanha "Esqueci o não" por mensagens como "Não deu jogo? Tire o time de campo!" ou "Quando um não quer, o outro vai dançar", todas acompanhadas da assinatura "Neste Carnaval, respeite".

Assim sendo, refletimos sobre o propósito do Conar enquanto uma entidade que atua em defesa do próprio mercado publicitário. Apesar da importância do órgão, as críticas são pertinentes, visando aprimorar os processos e as mudanças sociais, considerando a relevância da publicidade como ferramenta midiática.

ANÁLISES DAS FORMAÇÕES DISCURSIVAS: DA VERGONHA EMERGE O ORGULHO

> *Os analistas do discurso não estudam obras; eles constituem corpora, eles reúnem os materiais que julgam necessários para responder a esse ou àquele questionamento explícito, em função das restrições impostas pelos métodos aos quais recorrem.*
> *(Maingueneau, 2020, p. 39)*

5.1 CONCEITOS METODOLÓGICOS ADOTADOS

Para adentrar na análise metodológica, um pré-requisito fundamental consiste na compreensão conceitual da noção de discurso empregada nesta obra. Moraes, Machado e Borges (2021, local 106) esclarecem que "o discurso só se manifesta por meio da linguagem, mas ele se insere em uma dimensão que transcende o estritamente linguístico". Os autores destacam que:

> [...] [para] se entender um discurso, não basta dominar os significantes, os significados e as regras gramaticais próprias de uma língua. É preciso considerar a cultura e a sociedade em que a língua circula e os sujeitos históricos que dela se apropriam. Por meio de textos e imagens materializados, é possível saber sobre as identidades, as representações, os conflitos e as ideologias que permeiam a vida social (Moraes; Machado; Borges, 2021, local 106).

Dessa forma, compreende-se o discurso para além dos estudos formais da língua, alcançando uma dimensão sociológica, histórica, política e cultural. Portanto, neste capítulo, busca-se uma compreensão aprofundada da circulação dos discursos em um contexto social específico. Para essa análise, recorre-se a referências nos estudos da análise do discurso de vertente francesa, destacando-se, sobretudo, as contribuições de Dominique Maingueneau (2006, 2020) e Eni Orlandi (2007).

Em *A Arqueologia do Saber*, Foucault (2008, p. 122) amplia a concepção de discurso, apresentando-o como um conjunto de enunciados que seguem regras e práticas em diferentes períodos da história. O discurso é composto por sequências de signos, ou seja, enunciados aos quais podemos atribuir modalidades específicas de existência. Pontua o autor:

> O que se descreve como "sistemas de formação" não constitui a etapa final dos discursos, se por este termo entendemos os textos (ou as falas) tais como se apresentam com seu vocabulário, sintaxe, estrutura lógica ou organização retórica. A análise permanece aquém desse nível manifesto, que é o da construção acabada (Foucault, 2008, p. 84).

Percebe-se que geralmente, o termo "discurso" é empregado como um conceito linguístico, referindo-se simplesmente a passagens de escrita ou fala interligadas. No entanto, Hall (2001) esclarece que Michel Foucault lhe conferiu um significado substancialmente distinto. Seu interesse se voltava para as normas e práticas que engendravam enunciados dotados de significado e regulavam o discurso em distintos períodos históricos. Quando se referia a "discurso", Foucault aludia a um conjunto de enunciados que proporcionam uma linguagem para discutir um tópico específico em um momento histórico determinado.

De acordo com Maingueneau (2020), o discurso transcende as limitações da frase e se manifesta como uma organização abrangente, adotando diversas facetas. Ele não apenas representa uma forma de ação, mas também opera interatividade, enraizada em seu contexto histórico, social e cultural. Nesse processo, o discurso é invariavelmente moldado e assumido por um sujeito que o produz, obedecendo a normas preestabelecidas e, ao mesmo tempo, dialogando com outros discursos em um sistema de interdiscurso. Além disso, o discurso desempenha um papel fundamental na construção social do sentido, influenciando e sendo influenciado pela teia de relações humanas.

No contexto desta obra, a compreensão das análises é intrinsecamente ligada à consideração do sujeito do discurso como um elemento de importância fundamental. Portanto, o discurso só pode ser considerado como tal se estiver relacionado a um sujeito, que se coloca como fonte de referências pessoais, temporais e espaciais, e indica sua atitude em relação ao que diz e ao seu destinatário. A essa assunção do discurso pelo sujeito, Maingueneau (2020, p. 27) denominou de fenômeno da "modalização", refletindo que "de uma perspectiva da análise do discurso, esta [...] assunção não implica que se considere o sujeito como o ponto de origem soberana de 'sua' fala. A fala é dominada pelo dispositivo de comunicação do qual ela provém".

Ainda sobre a figura do sujeito, Foucault (2008, p. 30-31, grifo nosso) tece importantes considerações ao afirmar que

> [...] se tenta encontrar, além dos próprios enunciados, a **intenção do sujeito falante**, sua atividade consciente, o que ele quis dizer, ou ainda o jogo inconsciente que emergiu involuntariamente do que disse ou da quase imperceptível fratura de suas palavras manifestas; de qualquer forma, trata-se de reconstituir [um] outro discurso, de descobrir a palavra muda, murmurante, inesgotável, que anima do interior a voz que escutamos, de restabelecer o texto miúdo e invisível que percorre o interstício das linhas escritas e, às vezes, as desarruma.

No trecho anterior, Foucault argumenta que a interpretação de discursos não deve se limitar apenas ao significado explícito das palavras ou às intenções conscientes dos autores, mas também deve considerar os elementos inconscientes e subtextos que enriquecem a compreensão do discurso. Ele enfatiza a importância de desvendar as camadas mais profundas e sutis de significado que podem estar presentes em qualquer discurso ou texto.

Além disso, Foucault (2019, local. 260) ensina que "ninguém entrará na ordem do discurso se não satisfizer a certas exigências ou se não for, de início, qualificado para fazê-lo". Em outras palavras, o filósofo francês dá a entender que nem todas as regiões do discurso são igualmente abertas e penetráveis, sendo algumas altamente proibidas, enquanto outras parecem quase abertas a todos os ventos e postas, sem restrição prévia, à disposição de cada sujeito que fala.

Para além da noção de sujeito, a interdiscursividade também é fortemente empregada nas análises deste estudo. Nesse sentido, "o discurso só adquire sentido no interior de um imenso interdiscurso" (Maingueneau, 2020, p. 27). Para a interpretação de um enunciado, torna-se imperativo estabelecer, de forma consciente ou não, conexões com uma variedade de outros enunciados que guardam relações diversas com o objeto de análise. O ato de categorizar um texto em um gênero específico, como uma conferência ou um programa de televisão, acarreta a necessidade de relacioná-lo a outros textos pertencentes ao mesmo gênero. A compreensão de qualquer intervenção política mínima só pode ser concretizada mediante a consideração dos discursos concorrentes, das manifestações discursivas pregressas e dos enunciados circundantes que permeiam os meios de comunicação naquele momento específico.

Em mesmo sentido, Foucault (2008, p. 183) reconhece uma "configuração interdiscursiva", referindo-se à maneira como diferentes discursos e formas de conhecimento se relacionam e se influenciam mutuamente em uma dada sociedade ou contexto. Isso implica que as ideias, conceitos e categorias que usamos para compreender o mundo são moldados pela interação de múltiplos discursos, como a ciência, a religião, a política, a medicina, entre outros.

Em outras palavras, a configuração interdiscursiva em Foucault se refere à interação complexa e dinâmica entre diferentes discursos e como essa interação desempenha um papel central na construção do conhecimento, da identidade e do poder em uma dada sociedade.

Diante das noções de sujeito e interdiscursividade, transladamos nosso olhar à formação discursiva, concebida por Maingueneau (2020) como um sistema de restrições oculto, transversal às unidades tópicas que são os gêneros. Já Foucault (2008, p. 43, grifo nosso) é mais detalhista ao pontuar que:

> No caso em que se puder descrever, entre um certo número de enunciados, semelhante sistema de dispersão, e no caso em que entre os objetos, os tipos de enunciação, os conceitos, as escolhas temáticas, se puder definir uma regularidade (uma ordem, correlações, posições e funcionamentos, transformações), diremos, por convenção, que se trata de uma **formação discursiva** evitando, assim, palavras demasiado carregadas de condições e consequências, inadequadas, aliás, para designar semelhante dispersão, tais como "ciência", ou "ideologia", ou "teoria", ou "domínio de objetividade".

Em essência, uma formação discursiva é um conjunto de enunciados que compartilham características comuns e que estão interligados por uma lógica discursiva. Essa lógica explica como os enunciados são produzidos, disseminados e incorporados em uma determinada área do conhecimento ou em um contexto específico da sociedade. Portanto, resulta que a formação discursiva, como entende Maingueneau (2020), não recobre uma realidade homogênea. Em virtude do critério que se reúne os textos que nela se integram, é possível distinguir diversos tipos de formações discursivas.

Compreende-se que "os discursos estão duplamente determinados: de um lado, pelas formações ideológicas que os relacionam a formações discursivas definidas e, de outro, pela autonomia relativa da língua" (Orlandi, 2007, local. 155).

A constituição do corpus deste estudo ocorreu a partir das quatro repercussões levantadas na discussão realizada no capítulo quatro. Neste capítulo cinco, colocamo-las em diálogo interdiscursivo para compreender suas formações discursivas. Assim sendo, levar-se-á em consideração o quadro a seguir para análise das repercussões e formações discursivas.

Quadro 5 – Repercussões da campanha "Como explicar?"

Repercussão 1	Hashtags "#BurgerKingLixo" e "#BurgerKingNuncaMais", no Twitter
Repercussão 2	Crítica do apresentador Sikêra Júnior, durante o programa Alerta Nacional, da RedeTV!
Repercussão 3	Projeto de Lei (PL) n.º 504/2020, em tramitação na Assembleia Legislativa do Estado de São Paulo
Repercussão 4	Representação n.º 135/21 do Conar, Conselho Nacional de Autorregulamentação Publicitária

Fonte: elaborado pelo autor (2023)

Assim sendo, estabelecer as formações discursivas como um método de análise se mostra como adequada opção metodológica, tendo vista a proposta deste estudo, que consiste em analisar como as narrativas da *outvertising* repercutem na sociedade.

5.2 FD INIMIGOS EM COMUM

A estratégia discursiva de mencionar, de forma direta ou indireta, inimigos em comum, torna-se evidente na construção dos sentidos da repercussão um. No caso da *hashtag* "#BurgerKingLixo", a construção de sentido é claramente negativa e crítica. Ao unir o nome da marca "Burger King" com a palavra "lixo", os usuários expressam um descontentamento em relação à empresa, indicando desaprovação das suas ações, políticas ou atitudes, especialmente em relação à campanha que abordou famílias LGBTI+. Essa *hashtag*, portanto, funciona como uma forma de protesto virtual, destacando as preocupações e insatisfações dos consumidores em relação à marca.

Em sentido semelhante, a *hashtag* "#BurgerKingNuncaMais" adota uma abordagem ligeiramente diferente, mas igualmente impactante. Novamente, a estratégia discursiva é direcionada ao mesmo alvo, o Burger King. No entanto, aqui a construção de sentido é baseada na ideia de tomar uma decisão radical de não mais consumir produtos da marca. A expressão "nunca mais" implica que os usuários que a utilizam tomaram uma posição firme em relação ao Burger King, optando por boicotá-lo como resultado de sua insatisfação, seja com a campanha em questão ou por outras razões. Isso demonstra como as plataformas digitais de redes sociais são poderosas ferramentas para a expressão de descontentamento e para influenciar o comportamento dos consumidores em relação às marcas. Ambas as *hashtags* refletem a capacidade das plataformas digitais de redes sociais de canalizar a opinião pública e moldar a reputação das empresas com base em suas ações e decisões.

Na repercussão dois, alguns enunciados proferidos por Sikêra Jr. evidenciam a estratégia discursiva de identificar inimigos em comum. Para melhor análise, no quadro a seguir, alguns trechos foram selecionados para compreensão desta formação discursiva.

Quadro 6 – Seleção dos enunciados de Sikêra Jr. (repercussão dois) para identificação da formação discursiva "inimigos em comum"

Enunciado 1	"O que vocês fizeram com essa marca, vocês dessa agência, vão pagar muito caro. E né com essa justiça [...], não. Ô, né a daqui não. É a divina".	00:01:53
Enunciado 2	"Parem com essa tara. Vocês fazem isso porque vocês não têm filhos. Vocês não procriam. Vocês não reproduzem. [...] Eu cheguei à seguinte conclusão: vocês precisam de tratamento".	00:02:14
Enunciado 3	"Quando começou esse negócio da adoção, eu só calado, de longe olhando. E eu só olhando. Eu digo 'shiu', vou ficar calado, eu vou… que o tempo vai dizer. Todo dia eu mostro aqui o que é que acontece".	00:02:47
Enunciado 4	"As redações estão cheias desse tipo de gente. As redações. Se espalharam. De propósito. Foi uma grande armação. As agências de propaganda?"	00:02:59
Enunciado 5	"O cara que criou essa campanha é um vagabundo. Isso é um vagabundo que fez um negócio desse. Ele e a turminha dele dessa agência de propaganda".	00:04:26

Fonte: transcrição do discurso de Sikêra Jr. elaborada pelo autor (2021)

No primeiro enunciado, Sikêra Jr. direciona sua crítica principalmente à agência de publicidade envolvida na campanha do Burger King. Ele afirma que "vocês dessa agência" pagarão caro, sugerindo que a agência é a responsável pelo que ele vê como um erro. Além disso, o apresentador menciona a "justiça divina", indicando que há uma conotação moral e religiosa em sua crítica.

No que se refere à recorrência à justiça divina, observa-se a reflexão que ecoa o que Foucault (2021) destaca em sua obra *A História da Sexualidade*. Até o final do século 18, as práticas sexuais eram diretamente regulamentadas por três principais códigos: o direito canônico, a orientação pastoral cristã e a lei civil. Nesse período, qualquer transgressão das leis que regiam a monogamia do matrimônio heterossexual ou a busca por prazeres diversos era veementemente condenada. Esse contexto histórico ilustra a influência das normas sexuais estabelecidas e a inflexibilidade com que eram aplicadas, reprimindo as práticas sexuais consideradas desviantes.

Para Foucault, existe uma inter-relação entre o dispositivo da sexualidade e os discursos jurídicos e religiosos. Essa relação se configura como um exercício de poder cujo objetivo é perseguir e punir a existência e vivência LGBTI+. Nesse contexto, a crítica de Sikêra Jr. assume um papel semelhante ao adotar uma retórica fundamentada em valores religiosos e conservadores, que identificam a comunidade LGBTI+ como adversária a ser combatida. O apresentador reforça uma lógica opressora que se vale do discurso religioso para perseguir e marginalizar indivíduos que não se conformam com os padrões cis heteronormativos estabelecidos pela sociedade.

Em consonância com as reflexões anteriores, o segundo enunciado destacado foca mais especificamente na comunidade LGBTI+. Sikêra Jr. a acusa de ter uma "tara", sugerindo que as pessoas de gêneros e orientações sexuais fora do padrão cis heteronormativo precisam de tratamento. Ele ataca diretamente a comunidade, argumentando que suas identidades e sexualidades são problemáticas e devem ser combatidas.

Ao retomar a ideia de "tratamento", o apresentador sugere uma patologização das homossexualidades. Em sentido contrário, vale destacar o posicionamento da Organização Pan-Americana da Saúde (Opas/OMS):

> [...] qualquer esforço direcionado para mudar a orientação sexual não heterossexual carece de justificação médica, uma vez que **a homossexualidade não pode ser considerada uma condição patológica**. Existe um consenso profissional

> de que a homossexualidade representa uma variação natural da sexualidade humana, sem nenhum efeito intrinsecamente prejudicial para a saúde da pessoa ou de seus entes queridos. Em nenhuma de suas manifestações individuais é um transtorno ou doença e, portanto, não requer cura. Por essa razão, há várias décadas, a homossexualidade foi removida dos sistemas de classificação de doenças (Opas/OMS, 2013, grifo nosso).

Destarte, a ideia de que as pessoas LGBTI+ necessitam de tratamento resta obsoleta. Em consonância com a compreensão amplamente aceita pela comunidade médica e científica de que a diversidade de identidades de gênero e orientações sexuais constitui uma parte intrínseca da variação natural da sexualidade humana, os enunciados de Sikêra Jr. que sugerem tratamento às pessoas LGBTI+ se enquadram em um discurso odioso e homotransfóbico.

No terceiro enunciado, Sikêra Jr. observa o tema da adoção por famílias LGBTI+ e afirma que estava observando "em silêncio". Ele insinua que algo está errado, mas não especifica um inimigo em comum nesta declaração. No entanto, percebe-se uma crítica implícita às instituições democráticas, especialmente ao Supremo Tribunal Federal (STF), órgão responsável por garantir o direito de adoção por casais homoafetivos, em 2015, por meio do julgamento do Recurso Extraordinário 846102.

Além disso, nota-se uma interdiscursividade — isto é, a forma como os diversos discursos interagem e exercem influência mútua — entre os enunciados de Sikêra Jr. e a ideologia bolsonarista. Para reforçar esse entendimento, Perez *et al.* (2023) argumentam que o governo Bolsonaro alcançou o final de seu mandato presidencial exercendo a mesma lógica argumentativa adotada desde a sua inauguração: provocando e ameaçando as instituições que compõem o Estado Democrático de Direito brasileiro. Nesse sentido, a posição do Supremo Tribunal Federal (STF) se destaca na contenção dos ataques do Poder Executivo às atividades ligadas ao Poder Judiciário. A Corte Maior é considerada neste texto como o principal esteio para a preservação das instituições democráticas neste momento histórico.

Nesse sentido, Barroso (2005, p. 237) explica que

> O papel do Judiciário e, especialmente, das cortes constitucionais e supremos tribunais deve ser o de resguardar o processo democrático e promover os valores constitucionais, superando o déficit de legitimidade dos demais Poderes,

quando seja o caso. Sem, contudo, desqualificar sua própria atuação, o que ocorrerá se atuar abusivamente, exercendo preferências políticas em lugar de realizar os princípios constitucionais. Além disso, em países de tradição democrática menos enraizada, cabe ao tribunal constitucional funcionar como garantidor da estabilidade institucional, arbitrando conflitos entre Poderes ou entre estes e a sociedade civil. Estes os seus grandes papéis: resguardar os valores fundamentais e os procedimentos democráticos, assim como assegurar a estabilidade institucional.

Com base nestes argumentos, torna-se evidente que o ódio, propagado pelos discursos da desinformação, é uma característica marcante na repercussão dois em conexão com o bolsonarismo. Essa observação ressalta como a disseminação de informações falsas e retóricas agressivas contribuem para polarizar ainda mais o ambiente político, criando um cenário em que o discurso do ódio ganha força.

Nos enunciados quatro e cinco, observam-se semelhanças notáveis em relação aos alvos das críticas feitas por Sikêra Jr. No quarto enunciado, ele menciona as redações de jornalismo, sugerindo que estão permeadas por pontos de vista semelhantes aos da campanha do Burger King e insinuando que essa homogeneidade foi intencionalmente planejada. Adicionalmente, ele deixa entrever que as agências de publicidade e propaganda seguem um padrão de falta de diversidade de opiniões pessoais. Já no quinto enunciado, Sikêra Jr. direciona um ataque direto à pessoa responsável pela criação da campanha do Burger King, usando a palavra "vagabundo" como crítica. Além disso, ele critica a agência de publicidade e propaganda envolvida na campanha, sugerindo que estão agindo de má fé.

Portanto, Sikêra Jr. utiliza uma variedade de alvos em seus enunciados, incluindo instituições democráticas, redações jornalísticas, agências de publicidade e propaganda, bem como a todas as organizações e pessoas que demonstrem apoio à pauta da diversidade de identidades de gêneros e sexualidades. Em outras palavras, ele direciona seus ataques a toda uma comunidade, que transcende as próprias pessoas LGBTI+, englobando aqueles que, em conjunto, buscam igualdade de direitos em relação a identidades de gênero e vivências sexuais. Portanto, não se trata apenas de um "inimigo em comum", mas de "inimigos em comum". A mudança do singular para o plural pode parecer simples, mas carrega significados que ressaltam a complexidade e diversidade das questões envolvidas nesta discussão.

O Projeto de Lei n.º 504/2020, de autoria conjunta da deputada estadual Marta Costa e do ex-parlamentar Frederico d'Avila (repercussão três), tem como objetivo proibir a veiculação de publicidade que faça menção a preferências sexuais e movimentos relacionados à diversidade sexual, especialmente quando direcionada a crianças. Os "inimigos em comum" deste projeto podem ser identificados tanto na própria publicidade que inclui esses elementos quanto nos movimentos sociais que defendem a diversidade sexual.

A censura proposta por esse projeto de lei pode impactar diretamente movimentos sociais, como o Minha Criança Trans, que é a primeira organização não governamental (ONG) do Brasil dedicada exclusivamente a questões relacionadas à saúde, qualidade de vida, políticas públicas e direitos das crianças e adolescentes transgêneros. Isso indica que a aprovação de uma lei desse tipo teria consequências negativas que vão além da esfera da comunicação, afetando também todos os movimentos e causas sociais que buscam promover a diversidade e a inclusão.

A análise da repercussão quatro envolve a consideração da autoria das denúncias, destacando a União das Igrejas e Pastores Evangélicos (Unigrejas) como a fonte das acusações. De acordo com Maingueneau (2020), o discurso é inerentemente vinculado a um sujeito, um "eu", que se posiciona como a fonte de referências pessoais, temporais e espaciais (eu-aqui-agora) e indica qual é a atitude que ele adota em relação ao que está dizendo e ao seu destinatário.

Nesse contexto, a Unigrejas, ao apresentar as denúncias, age como o sujeito do discurso. Ela se posiciona como a fonte das informações, alegações ou acusações, assumindo a responsabilidade pelo conteúdo expresso. Além disso, ao fazer isso, a Unigrejas também indica sua atitude em relação às alegações e ao destinatário das denúncias.

Portanto, ao examinar a autoria das denúncias feitas pela Unigrejas na repercussão quatro, é fundamental considerar como a organização se apresenta como o sujeito do discurso, estabelecendo sua posição, perspectiva e relação com o que está sendo comunicado e com aqueles a quem se dirige. Essa análise ajuda a compreender a dinâmica do discurso e as intenções por trás das denúncias apresentadas pela Unigrejas.

Em síntese, as estratégias discursivas desta formação ora analisada são perspicazes ao não direcionar seus ataques a um único e exclusivo alvo, mas disseminando uma ideologia antidemocrática e baseada no discurso de ódio contra todo um grupo de pessoas e organizações que tensionam as estruturas de poder.

4.5 FD PROTEÇÃO ÀS CRIANÇAS

A legislação brasileira faz referências à proteção das crianças em diversos textos. Na Constituição Federal, em seu art. 24, inc. XV, tem-se que "compete à União, aos Estados e ao Distrito Federal legislar concorrentemente sobre [...] **proteção à infância e à juventude**" (Brasil, 1988). Já no art. 227, a Carta Magna prescreve:

> É dever da família, da sociedade e do Estado **assegurar à criança**, ao adolescente e ao jovem, com absoluta prioridade, o direito à vida, à saúde, à alimentação, à educação, ao lazer, à profissionalização, à cultura, à dignidade, ao respeito, à liberdade e à convivência familiar e comunitária, além de colocá-los a salvo de toda forma de negligência, discriminação, exploração, violência, crueldade e opressão (Brasil, 1988, grifo nosso).

Nesse sentido, o STF (Brasil, 2018) entende o caráter programático da regra inscrita no art. 227 da Carta Política — que tem por destinatários todos os entes políticos que compõem, no plano institucional, a organização federativa do Estado brasileiro — impondo o reconhecimento de que as referidas normas constitucionais se revestem de eficácia jurídica e dispõem de caráter cogente.

Já no nível infraconstitucional, o Código de Defesa do Consumidor (CDC), prescreve em seu art. 36, § 2º:

> É abusiva, dentre outras a publicidade discriminatória de qualquer natureza, a que incite à violência, explore o medo ou a superstição, se aproveite da deficiência de julgamento e experiência da criança, desrespeita valores ambientais, ou que seja capaz de induzir o consumidor a se comportar de forma prejudicial ou perigosa à sua saúde ou segurança (Brasil, 1990).

Devido à sua condição intelectual em desenvolvimento, as crianças se enquadram na categoria dos hipervulneráveis (Almeida, 2021), requerendo atenção especial no que diz respeito à supervisão das mensagens publicitárias. Nesse sentido, o estímulo à compra em larga escala, à obsolescência programada de vestuário em troca de novas aquisições, ou mesmo o ensino de técnicas persuasivas direcionadas aos pais ou responsáveis, muitas vezes envolvendo constrangimentos públicos dos genitores — como demonstrar que criar um alvoroço em um shopping lotado é uma estratégia eficaz para obter o tão desejado brinquedo — são apenas alguns exemplos de práticas publicitárias caracterizadas como abusivas.

O Estatuto da Criança e do Adolescente (ECA) (Brasil, 1990, grifo nosso), em seu art. 3º, prescreve que

> A criança e o adolescente gozam de todos os direitos fundamentais inerentes à pessoa humana, sem prejuízo da **proteção integral** de que trata esta Lei, assegurando-se-lhes, por lei ou por outros meios, todas as oportunidades e facilidades, a fim de lhes facultar o desenvolvimento físico, mental, moral, espiritual e social, em condições de liberdade e de dignidade.

As normas contidas no texto constitucional, anteriormente analisado, e no ECA são "um reflexo direto da 'Doutrina da Proteção Integral à Criança e ao Adolescente'" (Digiácomo, 2017, p. 15). Nesse sentido, o Estatuto da Criança e do Adolescente evidencia seu objetivo fundamental: a proteção integral de crianças e adolescentes.

O Código Brasileiro de Autorregulamentação Publicitária (CBAP), em seu anexo "A" (Bebidas Alcoólicas), no item dois, trata especificamente sobre o princípio da proteção a crianças e adolescentes, determinando que "não terá crianças e adolescentes como público-alvo. Diante deste princípio, os anunciantes e suas agências adotarão cuidados especiais na elaboração de suas estratégias mercadológicas e na estruturação de suas mensagens publicitárias" (Conar, 1980).

Vislumbradas as referidas normas, sem pretensão de esgotar a discussão acerca do princípio da proteção a crianças e adolescentes, percebe-se a preocupação legal acerca do tema. Além disso, há ainda o Plano Nacional de Promoção, Proteção e Defesa do Direito de Crianças e Adolescentes à Convivência Familiar e Comunitária (Brasil, 2006), que busca priorizar a temática, "com vistas à formulação e implementação de políticas públicas que assegurem a garantia dos direitos das crianças e adolescentes, de forma integrada e articulada com os demais programas de governo".

O plano mencionado suscita reflexões relevantes acerca das questões de identidades de gênero e sexualidades no contexto das infâncias e juventudes. Entre essas reflexões, destaca-se a consideração de que a necessidade ou a recusa do adolescente em corresponder às expectativas sociais e familiares relacionadas à sua sexualidade pode ser uma fonte significativa de conflitos e angústias.

Além disso, é imperativo enfatizar que as ideologias e práticas existentes na sociedade em relação à sexualidade, vida reprodutiva e relações de gênero exercem uma influência no desenvolvimento dos adolescentes.

Portanto, torna-se fundamental que as instituições de saúde, educação, mídia e demais atores sociais envolvidos compartilhem com as famílias a responsabilidade pelo desenvolvimento das novas gerações. Isso implica abordar essas temáticas de forma adequada, proporcionando orientação e facilitando o acesso a serviços pertinentes, a fim de garantir um ambiente saudável e inclusivo para os jovens enquanto navegam por questões complexas relacionadas à sua identidade de gênero e sexualidade.

Nesse sentido, Foucault (2008, p. 18) explicita que "a partir do fim do século XVI, a 'colocação do sexo em discurso', em vez de sofrer um processo de restrição, foi, ao contrário, submetida a um mecanismo de crescente incitação". Em outras palavras, o discurso sobre o sexo não diminui; ao contrário, é abordado de uma forma diferente. São diferentes indivíduos que se expressam, partindo de perspectivas diversas e com o intuito de alcançar resultados distintos.

Diante dessas considerações, é importante observar como o discurso relacionado às sexualidades é abordado nas repercussões da campanha. A partir das *hashtags* que foram analisadas, os usuários da plataforma Twitter resgataram e compartilharam amplamente um vídeo de 2017, originalmente publicado no canal @OMUNDODEOTAVIO, no YouTube, sob o título "MEU DEUS NUNCA ERRA"[43]. Vale ressaltar que, no momento de escrita desta obra, o vídeo ainda permanece disponível no referido canal, porém como "não listado".

No vídeo, crianças discursam diretamente para a câmera com a seguinte fala:

> Está se falando muito aí sobre a ideologia de gênero. Essa ideologia afirma que ninguém nasce homem ou mulher. Ela diz que você é livre para escolher o que quiser. Como é que é? Isso mesmo. Ela quer confundir você. Dizendo que meninos podem ser meninas. E meninas podem ser meninos. Mas isso tá errado! Sim, muito errado. Pois com isso, eles querem confundir também a nossa fé. Dizendo que o nosso Deus pode errar. Querem trocar a verdade de Deus por uma mentira. Mas o nosso Deus nunca erra. Ele nunca erra. Meu Deus me fez menina. Meu Deus me fez menino. Meu Deus não errou comigo. Eu sou o que sou, porque Deus me fez assim. Por isso nossa resposta contra a ideologia de gênero é: meu Deus nunca erra, meu Deus

---

[43] Disponível em: https://www.youtube.com/watch?v=XvEYSlSAeiU. Acesso em: 30 out. 2023.

nunca erra, meu Deus nunca erra, meu Deus nunca erra. Diga não à ideologia de gênero. Porque o meu Deus nunca erra (@OMUNDODEOTAVIO, 2017).

Dentre os diversos usuários que compartilharem o vídeo no Twitter, destaca-se a figura do deputado federal Helio Lopes (@depheliolopes), que publicou, seguido do vídeo, o seguinte texto:

> [...] Burger King
> - O MEU DEUS NUNCA ERRA!
> - Diga não a IDEOLOGIA DE GÊNERO!
> - Meu filho, não se esqueça da minha LEI, mas guarde no CORAÇÃO os meus MANDAMENTOS, pois eles PROLONGARAM (sic) a sua VIDA por muitos anos e darão a você PROSPERIDADE e PAZ. Provérbios 3:1-2 #DepHelioLopes (Lopes, 2021).

No que se refere ao vídeo e ao *tweet* do deputado federal Helio Lopes, é preciso compreender como a expressão "ideologia de gênero" é utilizada. No contexto desta obra, essa expressão é usada para associar os estudos de gênero a uma agenda política de esquerda, que visaria a destruir a família tradicional e a identidade masculina. Machado (2018, p. 3-4), explica que

> Na segunda metade da década de 90, sacerdotes e teólogos começaram, então, a formular um discurso para rebater a perspectiva de gênero que vinha sendo desenvolvida pelas acadêmicas feministas de vários países do mundo. As estratégias discursivas adotadas pelas/os intelectuais da Igreja Católica relacionam os pressupostos da perspectiva de gênero com as ideologias seculares e com as formas de sexualidades alternativas ao padrão cristão. Observa-se, assim, uma inversão argumentativa dos embates que aconteceram na Europa do século XIX, quando alguns filósofos e sociólogos imbuídos do espírito iluminista interpretaram os valores e ideias religiosas como expressões ideológicas que deturpavam a realidade social. Karl Marx, um dos mais conhecidos defensores desta concepção ideológica das religiões, aparece, em várias publicações de intelectuais católicos e mesmo documentos da Santa Sé, como um dos primeiros formuladores da ideia da desigualdade entre os sexos e da opressão das mulheres pelos homens que depois seria desenvolvida pelas feministas a partir da linguagem de gênero. Ou seja, os elaboradores do discurso sobre a "ideologia de gênero" utilizaram uma das muitas concepções de ideologia formuladas pelo pensamento social [...] – conjunto de crenças e ideias que falseia a

realidade – para desqualificar não só a terminologia gênero, mas toda uma linha teórica que balizava as ações políticas das militantes no plano internacional.

Os estudos feministas e de gênero são um campo de pesquisa interdisciplinar que busca compreender as relações de gênero na sociedade. Compreendê-los não como uma ideologia, mas uma abordagem cultural, social, política e histórica sobre o sexismo, o patriarcado e as desigualdades, e violências que geram. A expressão "ideologia de gênero", portanto, é estrategicamente utilizada como um termo pejorativo para deslegitimar os estudos de gênero. Ela é usada para criar uma falsa dicotomia entre os estudos de gênero e os valores tradicionais, como a família e a religião.

Retomando o conceito de *backlash*, pontuado no capítulo três, compreendendo o termo a partir de uma perspectiva jurídica, é possível identificar nexo etiológico entre posicionamentos judiciais em questões controversas e uma enfurecida revanche por parte do grupo cujos interesses foram atingidos pela decisão. Isso ocorre porque, quando os tribunais se precipitam em desacordos morais sensíveis, ainda não amadurecidos pela sociedade, eles acionam um gatilho político invisível. Como resultado, as decisões judiciais que inflamam ressentimentos sociais podem desencadear reações hostis, que são comumente chamadas de efeito *backlash* (Fonteles, 2018). Assim, a perspectiva jurídica do *backlash* permite compreender como as decisões judiciais podem ser usadas para promover uma agenda conservadora.

Recorrer à justiça divina ou a questões religiosas não pode ser usado para justificar intolerâncias, pois, como demonstrado na formação discursiva sobre inimigos em comum, essas estratégias são empregadas para criar um inimigo imaginário e legitimar a violência contra grupos minorizados.

A utilização do discurso religioso que permeia as críticas à campanha também suscita reflexões sobre o conceito que Foucault (2008, p. 28) denominou "polícia do sexo". Isso se refere à necessidade de regular o sexo por meio de discursos públicos e utilitários, em vez de depender unicamente da rigidez de proibições. Não se trata de uma repressão do discurso acerca do sexo, mas, efetivamente, de uma incitação que ocorre inclusive na presença de crianças, embora com um propósito específico.

É importante observar também a estratégia de resgatar um vídeo produzido em período anterior à campanha, no caso em 2017, colocando-o novamente em circulação. Percebe-se, assim, um discurso continuum que difama e tenta constranger a todo custo as tentativas de conscientização acerca da diversidade de gêneros e identidades sexuais.

Por outro lado, a repercussão dois exibe enunciados que claramente posicionam as crianças como meros receptores passivos de informações relacionadas à comunicação e à temática das diversidades de identidades de gênero e sexualidades. Isso contrasta com a abordagem de diversos autores da sociologia das infâncias, que superam essa visão ao reconhecerem a capacidade ativa das crianças na construção de significados e na participação ativa em discussões relacionadas a essas questões (Becker, 2017).

Conforme realizado anteriormente, os enunciados do apresentador que evidenciam a estratégia discursiva de proteção às infâncias são selecionados e apresentados no quadro a seguir:

Quadro 7 – Seleção dos enunciados de Sikêra Jr. (repercussão dois) para identificação da formação discursiva "proteção às crianças"

Enunciado 1	"[...] que tara é essa de pegar as crianças do Brasil? É porque os adultos já não acreditam mais em vocês, já sabem da jogada. Qual é o grande lance de vocês? Acabar com a família. Acabar com a família".	00:02:33
Enunciado 2	"Deixa as crianças, rapaz! Deixa a criança crescer, brincar... Deixa ela descobrir por ela mesmo. Tudo é no seu tempo. Agora é hora de brincar [...] Se você ver o comercial, é podre, nojento, nojento, ridículo. 'Não, eu acho que homem pode beijar homem, mulher pode beijar mulher'. Que conversa é essa pra criança, rapaz?".	00:04:04
Enunciado 3	"Não me importa o que vocês faz em quatro paredes. Não me interessa. Como não interessa a você o que eu faço em quatro paredes. Não me interessa. É um direito seu. Agora, envolver criança? Isso é pedofolia, isso aí é, sabe, é a pior jogada que eu já vi de agência de propaganda. Mais nojenta do mundo. Isso é pedofilia. Isso aí não tem outro nome. É abuso infantil".	00:05:23
Enunciado 4	"Vocês querem pegar as crianças e dizer 'não, é normal. É normal, olhe papai tá tomando banho com papai'. Peraí, quem é? O careca ou o bigode? Quem é tua mãe? Já tá virando zona isso! A criança é que tá pagando caro!".	00:05:48

Fonte: transcrição do discurso de Sikêra Jr. elaborada pelo autor (2021)

Para evitar uma análise excessivamente longa, foram apresentados apenas quatro enunciados que refletem a formação discursiva de proteção às crianças. No entanto, é importante notar que, ao longo de seu discurso,

Sikêra Jr. faz referência aos termos descritores relacionados às "crianças" e às "infâncias" em um total de 19 vezes, o que ressalta ainda mais a frequência com que essa estratégia discursiva é empregada por ele.

Em contraponto ao argumento de que "as crianças estão sob ataque", a deputada federal Erika Hilton (2023) expressou, durante um discurso na Câmara dos Deputados durante uma audiência na Comissão de Previdência, Assistência Social, Infância, Adolescência e Família, cujo tema era as orientações do Conselho Federal de Psicologia e Conselho Federal de Medicina para o tratamento de crianças e adolescentes trans, a opinião de que essa estratégia de "proteção às crianças" é, na verdade, um "ódio irrestrito disfarçado de preocupação". Ela destacou que essa abordagem representa uma forma de violência direcionada a um grupo que já sofre historicamente com discriminação e opressão.

A justificativa por trás da repercussão três envolve a preocupação de que a exposição das crianças a conteúdo relacionado à diversidade sexual pode ser prejudicial, inapropriada ou influenciar negativamente seu desenvolvimento. Os proponentes podem argumentar que, ao proibir a publicidade que aborda tais temas, estão protegendo as crianças de informações ou imagens que consideram inadequadas ou que acreditam que podem confundir as crianças em relação a questões de identidades de gênero e sexualidades.

Essa formação discursiva, que se baseia em crenças conservadoras sobre moralidade, sexualidade e família, alega que ao restringir a exposição das crianças a tais temas, está-se protegendo sua inocência e evitando que sejam expostas a conceitos que não estão de acordo com os valores tradicionais. De acordo com as noções de Habermas (2015), essa estratégia discursiva está intrinsecamente ligada a valores associados à defesa do fundamentalismo religioso, do patriotismo exacerbado e da família tradicional. Estas bandeiras, segundo o pensador, refletem um êxito do pânico moral, colocando em mira a comunidade LGBTI+ e questionando sua legitimidade e aceitação na sociedade.

Em sentido contrário às críticas disseminadas pelas *hashtags*, apresentadas pelo apresentador Sikêra Jr. e que justificam o Projeto de Lei (PL) n.º 504/2020 (Alesp), a decisão do Conar questiona a argumentação contida nos enunciados dessa formação discursiva. O relator, Ruy Lindenberg, pondera que o comercial do BK não parece ter a intenção de persuadir, doutrinar, catequizar, evangelizar ou reeducar sexualmente qualquer pessoa. Ele interpreta que o objetivo do anúncio é demonstrar que nos lares homoafetivos, as crianças podem encontrar amor, carinho e respeito, tal como se espera em qualquer outro tipo de lar.

Além disso, também se observa que um dos argumentos mais frequentes dos críticos desta peça publicitária é o apelo para "manter as crianças fora disso". Entretanto, esses mesmos críticos não devem esquecer que muitas dessas crianças estão diretamente envolvidas nessa discussão, já que nasceram em lares homoafetivos e não têm como ser excluídas desse contexto. E separar as crianças que crescem em ambientes mais tradicionais seria contribuir para a construção de uma barreira de silêncio e, certamente, de ignorância em relação a essas novas configurações familiares cada vez mais comuns na sociedade.

4.6 FD ORGULHO E RESPEITO

Além das formações discursivas com vieses negativos, que demonstram desrespeito à diversidade de identidades de gênero e sexualidades, também é possível identificar uma formação que promove uma perspectiva de orgulho e respeito à comunidade LGBTI+.

Nesse contexto, as *hashtags* "#BurgerKingLixo" e "#BurgerKingNuncaMais" no Twitter foram usadas não apenas por aqueles que criticaram a publicidade, mas também por pessoas que apoiaram a ideia por trás do anúncio e expressaram suas opiniões por meio dessas *hashtags*, participando do debate. Vale ressaltar que essa prática é comum no Twitter, onde, ao se apropriar de uma *hashtag* com a qual não concordam, as pessoas podem expressar seus pontos de vista opostos, resultando em um intenso embate discursivo.

Para melhor compreender como se deu o debate, compartilha-se alguns *tweets* a seguir (*sic*): "O povo problematizando o comercial, meu Deus até onde isso vai parar?? eu amei o comercial e a atitude que eles tomaram. partiu BurguerKing?? quem vai cmg? #BurgerKingLixo" (Juliana, 2021); "Bom dia!! Vai um Burguer King de café da manhã?? Novamente os preconceituosos q apoiam o Miliciano atacam uma empresa que compartilha o orgulho LGBTQIA+. Mas eles n são homofóbicos não, tá? (Contém Ironia)" (Estefan, 2021); e "#BurgerKingLixo Tá se é um lixo pq tu come crente besta? Vai comer hot dog evangélico e para de encher o saco, e ah @BurgerKingBR estou com vcs nunca vão calar o nosso orgulho [...]" (Alves, 2021).

O resgate às noções de orgulho é frequentemente utilizado como uma estratégia das pessoas LGBTI+ para tratar a pauta, tanto é assim que as antigas "Paradas gay" passaram a se chamar "Parada do Orgulho". Nesse sentido, retoma-se a leitura do Quadro 2 e se pontua que as Paradas do Orgulho no Brasil foram inspiradas nas gay *pride parades*, realizadas desde 1969 nos Estados Unidos, em consequência aos Levantes de Stonewall (Memorial Da Democracia, 1997).

A fim de compreender a história do movimento LGBTI+ e as questões relacionadas à formação discursiva do orgulho, relata-se brevemente os fatos ocorridos nas primeiras horas da madrugada do sábado de 28 de junho de 1969, no bar The Stonewall Inn, localizado em Manhattan, Nova York. O bar tinha como público aqueles menos favorecidos pelo processo de estratificação social da época: pessoas *queer*, lésbicas masculinas, gays afeminados, bissexuais, trans e travestis, michês, *drags*, pessoas em situação de rua, enfim, integrantes marginalizados da comunidade LGBTI+, que pertenciam a um "submundo" e que, por isso, não gozavam de reconhecimento como pessoas cidadãs (Quinalha, 2019).

É importante destacar que, além das leis locais que proibiam e dificultavam a circulação de pessoas *queer* na rua, aconteciam batidas policiais frequentemente, que se utilizavam da violência, abusando dessa comunidade socialmente marginalizada e sem recursos. Acontece que, naquela madrugada, os conflitos e tensões entre os policiais americanos e o público do Stonewall provocaram uma grande revolta e uma série de manifestações conhecidas como *The Stonewall Riots* (Mozdenski, 2019, p. 55).

Para Quinalha (2019), Stonewall, muito em função do imperialismo cultural norte-americano, inaugurou um ativismo mais combativo e orgulhoso, que lutava por mudanças estruturais numa sociedade que estigmatizava as pessoas LGBTI+.

Antes de Stonewall, diante da injúria e da vergonha na sociedade patriarcal e heteronormativa, a saída era construir uma imagem socialmente respeitável de homossexual, batalhando por uma integração à normalidade para conseguir acessar as migalhas de alguns direitos. Depois dessa revolta histórica, o melhor jeito de lidar com o preconceito era o embate, a denúncia e a não conformidade. Desse modo, houve um deslocamento no estilo de ativismo, com o orgulho funcionando como vetor ideológico principal de um modo eroticamente subversivo de ser (Quinalha, 2019).

É depois de Stonewall e graças ao fato que começaram a ser realizadas, já em 1970 e anualmente, o que hoje conhecemos como Paradas do Orgulho LGBTI+ e que expressam, justamente, o espírito dos primeiros levantes. No entanto, no contexto brasileiro, vivia-se o período mais delicado da repressão ditatorial a partir de 1968, atrasando a emergência do movimento.

Devido à crítica feita pelo apresentador Sikêra Jr. (repercussão dois), indivíduos e organizações engajados na promoção da diversidade de identidades de gênero e sexualidades iniciaram uma campanha digital ativista com o objetivo de desmonetizar o programa *Alerta Nacional*, subindo a *hashtag* #DesmonetizaSikera. Nesse contexto, a desmonetização se refere à convocação para que as empresas anunciantes rompam seus contratos de publicidade com o referido programa de televisão (Magalhães; Cruz; Do Vale, 2021).

No caso em tela, o grupo Sleeping Giants[44] ficou encarregado de identificar as marcas que patrocinavam o programa e, por meio de *tweets* públicos, instou essas marcas a se posicionarem contra o discurso de Sikêra Jr. O primeiro *tweet* do movimento foi publicado em 28 de junho de 2021.

> "Já pensou ter um filho viado e não poder matar?"
> "Raça desgraçada"
> "Vocês são nojentos"
> [...]
> E QUEM PAGA ESSA CONTA? Ajude-nos a alertar as empresas para que nesse Dia Internacional do Orgulho LGBT façamos mais do que trocar a foto do perfil! [...] #DesmonetizaSikera (Sleeping Giants Brasil, 2021).

Anexado ao texto, a organização apresentou um vídeo de 1 minuto e 20 segundos[45] com recortes das falas de Sikêra Jr., manchetes de notícias que tratam sobre a violência contra pessoas LGBTI+ e a convocação para aderência à campanha #DesmonetizaSikera.

Após a divulgação do post, o perfil oficial do Sleeping Giants Brasil compartilhou uma sequência de vídeos de anúncios veiculados no programa apresentado por Sikêra Jr., identificando e mencionando as

---

[44] O Sleeping Giants é uma organização liberal de ativistas digitais que afirma combater discursos de ódio e desinformação de forma anônima na internet.

[45] Disponível em: https://twitter.com/slpng_giants_pt/status/1409529130195038209. Acesso em: 1 nov. 2023.

empresas que estavam financiando a veiculação desses anúncios, tais como a MRV[46], UltraFarma[47], Sorridents Clínicas[48], Hapvida Saúde[49] e Caixa Econômica Federal[50].

Para Magalhães, Cruz e Do Vale, a estratégia do Sleeping Giants Brasil era promover o debate no Twitter, viralizar o uso da *hashtag* e acumular o maior número de comentários. "Para isso, investem em mutirões online para o #DesmonetizaSikera chegar ao primeiro lugar no ranking dos tópicos mais comentados [*trending topics*] na rede social" (2021, p. 146).

Um dos resultados iniciais foi divulgado no mesmo dia em que a campanha teve início, sendo a empresa MRV (2021) a responsável pela divulgação. "Olá, @slpng_giants_pt! A MRV acredita na diversidade e não compactua com qualquer forma de preconceito. O programa Alerta Amazônia já não faz mais parte dos nossos planos de mídia".

Nesse contexto de net-ativismo (Magalhães; Cruz; Do Vale, 2021) é emblemático como a noção do orgulho promoveu a desmonetização do programa de Sikêra Jr. Para reforçar esse argumento, diversos portais[51] noticiaram a perda de patrocinadores por parte do *Alerta Nacional*. Não se sabe ao certo quantos anunciantes encerraram suas publicidades, Magalhães, Cruz e Do Vale (2021, p. 149) apontam em uma semana, "18 empresas removeram os seus anúncios vinculados ao apresentador em questão, fazendo com que o Sleeping Giants Brasil chegasse ao centésimo dia de campanha com um total de 199 empresas conscientizadas". Já o *Correio Braziliense* (2021), em matéria[52] publicada em setembro, apontou que "com a mobilização nas redes sociais, 90 empresas deixaram de patrocinar o programa e vídeos de Sikêra na internet, temendo associação ao discurso homofóbico do apresentador".

Após o ocorrido, o Ministério Público Federal (MPF) do Rio Grande do Sul ingressou com uma Ação Civil Pública[53] contra a emissora e o apresentador, pedindo a condenação dos demandados ao pagamento de

---

[46] Disponível em: https://twitter.com/slpng_giants_pt/status/1409529133160407046. Acesso em: 1 nov. 2023.
[47] Disponível em: https://twitter.com/slpng_giants_pt/status/1409529139879624705. Acesso em: 1 nov. 2023.
[48] Disponível em: https://twitter.com/Sorrident_s. Acesso em: 1 nov. 2023.
[49] Disponível em: https://twitter.com/slpng_giants_pt/status/1409529153456640008. Acesso em: 1 nov. 2023.
[50] Disponível em: https://twitter.com/slpng_giants_pt/status/1409529159295111168. Acesso em: 1 nov. 2023.
[51] Para exemplificar, o portal *Istoé Dinheiro* publicou a matéria "Após perder 62 patrocinadores, Sikêra Jr. posta mensagem enigmática". Disponível em: https://istoedinheiro.com.br/apos-perder-62-patrocinadores-sikera-jr-posta-mensagem-enigmatica/. Acesso em: 1 nov. 2023.
[52] Disponível em: https://www.correiobraziliense.com.br/diversao-e-arte/2021/09/4950373-sikera-junior-chora-ao-comentar-perda-de-patrocinadores.html. Acesso em: 1 nov. 2023.
[53] Inteiro teor disponível em: https://www.mpf.mp.br/rs/atos-e-publicacoes/acp/porto-alegre/acp-5045637-42-2021-4-04.7100. Acesso em: 1 nov. 2023.

10 milhões de reais a título de indenização por danos morais coletivos, devendo o montante ser destinado à estruturação de centros de cidadania LGBTI+.

Cumpre destacar que, no decorrer deste estudo, em 2023, Sikêra Jr. teve seu contrato rompido com a RedeTV!, encerrando a veiculação do programa *Alerta Nacional*. Sobre este fato, em 8 de abril de 2023, o perfil do Sleeping Giants Brasil publicou o seguinte *tweet*:

> Em 2021 a campanha #DesmonetizaSikera retirou mais de 200 empresas do [apresentador] lgbtfóbico A demissão do Sikera é uma vitória que começou a ser construída há 2 anos, é uma vitória do amor contra o ódio e acima de tudo é uma vitória de vocês!

Diante dessa situação, percebe-se o potencial de uma comunicação engajada. Além disso, no contexto da sociedade cis heteronormativa, o orgulho se apresenta como uma formação discursiva destinada a desafiar a ordem estabelecida. Ao longo de séculos, as pessoas LGBTI+ foram rotuladas como pecadoras nas igrejas, como doentes em hospitais e manicômios, como criminosas no sistema penal e prisional, e como ameaças à ordem pública e aos valores morais pelas autoridades estatais. Essas rotulações resultaram em discursos e práticas destinadas a controlar tanto a identidade quanto a expressão sexual das pessoas LGBTI+ (Foucault, 2008; Quinalha, 2017).

Para endossar o argumento anterior, a "polícia do sexo", conceituada por Foucault (2008, p. 27) remete ao entendimento de que "cumpre falar do sexo como de uma coisa que não se deve simplesmente condenar ou tolerar, mas gerir em sistemas de utilidade, regular para o bem de todos, fazer funcionar segundo um padrão ótimo". Em sentido semelhante, Quinalha (2023) avança ao pontuar que

> [...] a identidade LGBT é, em um primeiro momento, uma imposição dos poderes e discursos que constituem as subjetividades, atravessam os corpos e normalizam os desejos. Mas essa mesma identidade, outrora estigmatizada, vem sendo cada vez mais ressignificada como um suporte para a ação política e a conquista dos direitos de igualdade.

Para finalizar este capítulo, percebe-se que a formação discursiva do orgulho e respeito reforça um discurso que molda as subjetividades, influencia os corpos e legitima os desejos. No entanto, essa mesma identidade, que costumava ser estigmatizada, está passando por um processo de ressignificação, tornando-se um alicerce para a ação política e a busca dos direitos à igualdade. Da vergonha, emerge o orgulho. Do desrespeito, emerge a luta.

CONSIDERAÇÕES FINAIS

Ao encaminhar para o percurso final desta obra, retoma-se o problema de pesquisa apresentado na introdução: a partir do contexto socio-histórico, como as narrativas da *outvertising* repercutem na sociedade. Nesse sentido, apesar da tendência contemporânea dos publicitários de trabalharem com a outvertising, a qual Mozdzenski (2019) traduz como "publicidade fora do armário", a repercussão das campanhas publicitárias que se utilizam da pauta de promoção do fim dos preconceitos identitário ainda encontraram fortes barreiras por parte dos consumidores.

É imperativo ressaltar que as análises das repercussões da estratégia de *outvertising* se concentraram em uma única campanha publicitária, a saber, "Como explicar?" do Burger King Brasil. Não obstante esse recorte específico, os resultados se revelaram suficientemente complexos, a ponto de constituírem a totalidade desta obra.

A perseguição contra a comunidade LGBTI+ é notável. Tanto que o Brasil, lamentavelmente, detém o recorde de liderar as estatísticas mundiais de mortes em grupos LGBTI+ por 14 anos consecutivos. Essa afirmação se baseia no dossiê intitulado "Assassinatos e violências contra travestis e transexuais brasileiras em 2022", organizado pela Associação Nacional de Travestis e Transexuais (Antra) (Benevides, 2023). Nesse sentido, questiona-se em que medida as marcas que adotam a *outvertising* contribuíram de fato para a diversidade e inclusão.

Apesar das críticas direcionadas à publicidade, é inegável a sua capacidade de alcançar o público e estimular a discussão de questões relevantes. Tal fenômeno se tornou manifesto no corpus deste estudo. Independentemente das intenções subjacentes ao movimento do Burger King em adotar a pauta LGBTI+, a marca catalisou debates substanciais relacionados ao referido tema.

Não se pretende advogar em favor do Burger King. Na verdade, os olhares estão voltados aos fenômenos sociais e midiáticos, afastando uma perspectiva moralista e binarista. No entanto, é importante notar que após a repercussão da campanha "Como explicar?", o Burger King Brasil continuou a trabalhar a diversidade e a inclusão em suas campanhas de marca nos anos seguintes, fato que desmembrou outros estudos sobre as comunicações da marca.

Ao longo desta pesquisa, explorou-se a relação entre a publicidade fora do armário do Burger King e as percepções públicas sobre identidades de gênero e sexualidades, com foco na interpretação dessa publicidade a partir de um discurso da extrema-direita. A investigação partiu da hipótese de que, em contextos marcados pela intolerância e pela defesa de princípios moralizantes, os discursos estereotipados relacionados a identidades de gênero e sexualidades podem ser promovidos estrategicamente por motivos políticos, enquanto aqueles que desafiam os preconceitos são frequentemente rejeitados. Percebe-se que a publicidade do Burger King, longe de ser uma apologia às transgeneridades e homossexualidades, pode ser vista como um campo de disputa ideológica, em que diferentes atores políticos e sociais interpretam e reagem de maneira variada à mensagem veiculada. A pesquisa ressalta a complexidade das percepções públicas e a importância de considerar os diferentes contextos políticos e culturais ao analisar a recepção de mensagens publicitárias relacionadas a identidades de gênero e sexualidades.

Não há a intenção de sugerir que a publicidade infantil seja viável no Brasil, dada a sua proibição legal, conforme discutido no capítulo intitulado "Mídia e infâncias: o potencial pedagógico da *outvertising*". Ao considerar a ilegalidade da publicidade voltada para crianças no país, é evidente que a campanha do Burger King não pode ser categorizada como tal. Na verdade, seu público-alvo são os adultos. Contudo, é relevante destacar que mesmo quando as crianças são expostas a essa publicidade, elas têm a oportunidade de serem impactadas por uma mensagem que promove a diversidade e a inclusão, sob a perspectiva dos Direitos Humanos.

Assim, o que realmente se observa é a estratégia conservadora tentando caracterizar a ideia de que a publicidade inclusiva seja vista como apologia à transgeneridades e homossexualidades. No entanto, essa hipótese carece de fundamentos, considerando os estudos disponíveis sobre o tema.

No cerne das repercussões relativas às *hashtags* "#BurgerKingLixo" e "#BurgerKingNuncaMais", no Twitter; às crítica do apresentador Sikêra Jr., durante o programa *Alerta Nacional*, da RedeTV!; e ao Projeto de Lei (PL) n.º 504/2020, em tramitação na Assembleia Legislativa do Estado de São Paulo evidenciam as formações discursivas "Inimigos em comum"; e de "Proteção às crianças", colocando em linha de mira a comunidade LGBTI+. Por outro lado, a repercussão da Representação n.º 135/21 do Conar reforça uma formação discursiva de "Orgulho e respeito", formação essa que é utilizada como força motriz por parte das pessoas dissidentes em matéria de identidades de gênero e sexualidades.

Durante a redação desta obra, dediquei especial atenção à coerência e ao respeito pelos termos utilizados. Entretanto, é possível que ocorram deslizes. Assim, conto com a sincera compreensão dos leitores. Ademais, desejo que a discussão proposta se torne obsoleta o mais brevemente possível, uma vez que a efetivação da diversidade e inclusão seja alcançada.

Embora possa parecer um pensamento utópico, encaro utopia não como uma impossibilidade, mas como um ardente desejo de promover mudanças sociais que resultem em igualdade de direitos para todas, todos e todes.

REFERÊNCIAS

ALBUQUERQUE, Flávia. Depois de dois anos, Parada do Orgulho LGBT+ de SP volta à Paulista: É o primeiro evento de massa em São Paulo depois da pandemia. **Agência Brasil** (EBC). São Paulo, 2022. Disponível em: https://agenciabrasil.ebc.com.br/geral/noticia/2022-06/depois-de-dois-anos-parada-do-orgulho-lgbt--de-sp-volta-paulista#:~:text=Depois%20de%20dois%20anos%20sendo,que%20ser%C3%A3o%20realizadas%20em%20outubro. Acesso em: 22 out. 2023.

ALCÂNTARA, Alessandra. O brincar em ambiente virtual: jogar, postar, conversar. *In*: ALCÂNTARA, Alessandra; GUEDES, Brenda. **Comunicação e infância**: processos em perspectiva. São Paulo: Pimenta Cultural, 2017. cap. 6, p. 151-175.

ALKEN, Vera. **Nunca #BurgerKingLixo**. Twitter: @Alken. 2021. Disponível em: https://twitter.com/VeraAlken/status/1409133926837370886. Acesso em: 26 out. 2023.

ALMEIDA, Fabrício. **Direito do consumidor**. 9. ed. São Paulo: Saraiva Educação, 2021. 968 p. (Coleção Esquematizado).

ALMEIDA, Silvio. **Racismo estrutural**. São Paulo: Pólen, 2019. (Feminismos Plurais).

ALVES, Rafael. **#BurgerKingLixo Tá se é um lixo pq tu come crente besta? Vai comer hot dog evangélico e para de encher o saco, e ah @BurgerKingBR estou com vcs nunca vão calar o nosso orgulho**. Twitter: @rafaalvess18. 2021. Disponível em: https://twitter.com/rafaalvess18/status/1408545967331229700. Acesso em: 1 nov. 2023.

ALVES, Soraia. **"Como eu vou explicar...?"**: Burger King mostra olhar das crianças sobre questões da comunidade LGBTQIA+. B9. 2021. Disponível em: https://www.b9.com.br/146266/como-explicar-burger-king-criancas-questoes-comunidade-lgbtqia/#:~:text=Na%20campanha%20E2%80%9CComo%20explicar%-3F%E2%80%9D,a%20pluralidade%20e%20o%20amor. Acesso em: 20 out. 2023.

ANDRADE, Rogério. **Crianças respondem contra a campanha diabólica do BURGER KING #BurgerKingLixo**. Twitter: @rfenandesandrad. 2021. Disponível em: https://twitter.com/rfenandesandrad/status/1409253453516447746. Acesso em: 26 out. 2023.

BARROSO, Luís Roberto. Neoconstitucionalismo e constitucionalização do Direito (O triunfo tardio do direito constitucional no Brasil). **Revista Opinião Jurídica**, v. 3, n. 6, 2005. Disponível em: https://periodicos.unichristus.edu.br/opiniaojuridica/article/view/2881. Acesso em: 30 out. 2023.

BECKER, Bianca. **Infância, tecnologia e ludicidade**: a visão das crianças sobre as apropriações criativas das tecnologias digitais e o estabelecimento de uma cultura lúdica contemporânea. Salvador, 2017. Tese (Programa de Pós-Graduação em Psicologia) – Universidade Federal da Bahia, Salvador, 2017.

BELLONI, Maria Luiza. Infância, mídias e educação: revisitando o conceito de socialização. **Perspectiva**, v. 25, n. 1. 57–82 p, 2007. Disponível em: https://periodicos.ufsc.br/index.php/perspectiva/article/view/1629. Acesso em: 24 out. 2023.

BENEVIDES, Bruna. **Dossiê**: assassinatos e violências contra travestis e transexuais brasileiras em 2022. Brasília: Antra, 2023. Disponível em: https://antrabrasil.files.wordpress.com/2023/01/dossieantra2023.pdf. Acesso em: 14 abr. 2023.

BENTO, Cida. **O pacto da branquitude**. São Paulo: Companhia das Letras, 2022. f. 152 (ePUB).

BEZERRA, Beatriz. Mensagens de afeto: uma reflexão sobre o valor pedagógico da publicidade a partir do anúncio Balões da Apple. **Novos Olhares**, v. 8, n. 1, p. 133-143, 2019. Disponível em: https://www.revistas.usp.br/novosolhares/article/view/152378. Acesso em: 25 out. 2023.

BOLSONARO, Jair. **Qualquer empresa privada tem liberdade para promover valores e ideologias que bem entendem. O público decide o que faz. O que não pode ser permitido é o uso do dinheiro dos trabalhadores para isso. Não é censura, é respeito com a população brasileira.** Twitter: @jairbolsonaro. 2019. Disponível em: https://x.com/jairbolsonaro/status/1124711058327912448?s=20. Acesso em: 23 out. 2023.

BONIN, Robson. Bolsonaro proíbe uso de palavras do universo LGBT em campanhas estatais: dicionário da censura. **Veja**. 2019. Disponível em: https://veja.abril.com.br/coluna/radar/bolsonaro-proibe-uso-de-palavras-do-universo-lgbt-em-campanhas-estatais/. Acesso em: 23 out. 2023.

BRASIL. **A Constituição e o Supremo**. 6. ed. Brasília: STF, 2018. Disponível em: https://portal.stf.jus.br/textos/verTexto.asp?servico=publicacaoLegislacaoAnotada. Acesso em: 30 out. 2023.

BRASIL. Conselho Brasileiro de Autorregulamentação Publicitária (Conar). Código Brasileiro de Autorregulamentação Publicitária. **Diário Judicial Eletrônico**, São Paulo, ano 1980. Disponível em: https://www.gov.br/secom/pt-br/acesso-a-informacao/legislacao/ca2digobrasdeautoregulanovo.pdf. Acesso em: 25 out. 2023.

BRASIL. Constituição Federal, de 4 de outubro de 1988. **Diário Oficial da União**. Disponível em: https://www.planalto.gov.br/ccivil_03/constituicao/constituicao.htm. Acesso em: 23 out. 2023.

BRASIL. Lei n.º 8069, de 12 de julho de 1990. **Diário Oficial da União**, Brasília, ano 1990. Disponível em: https://www.planalto.gov.br/ccivil_03/leis/l8069.htm. Acesso em: 30 out. 2023.

BRASIL. **Plano Nacional de Educação em Direitos Humanos**. Brasília: Secretaria Especial dos Direitos Humanos, Ministério da Educação, Ministério da Justiça, Unesco, 2007. Disponível em: http://portal.mec.gov.br/docman/2191-plano-nacional-pdf/file. Acesso em: 25 out. 2023.

BRASIL. Presidência da República. Decreto n.º 678, de 5 de novembro de 1992. Promulga a Convenção Americana sobre Direitos Humanos (Pacto de São José da Costa Rica), de 22 de novembro de 1969. **Diário Oficial da União**, Brasília, ano 1992. Disponível em: https://www.planalto.gov.br/ccivil_03/decreto/d0678.htm. Acesso em: 25 out. 2023.

BRASIL. Presidência da República. Decreto n.º 99.710, de 20 de novembro de 1990. Promulga a Convenção sobre os Direitos da Criança. **Diário Oficial da União**, Brasília, ano 1990. Disponível em: https://www.planalto.gov.br/ccivil_03/decreto/1990-1994/d99710.htm. Acesso em: 25 out. 2023.

BRASIL. Presidência da República. Lei n.º 8.069, de 12 de julho de 1990. Dispõe sobre o Estatuto da Criança e do Adolescente e dá outras providências. **Diário Oficial da União**, Brasília, ano 1990. Disponível em: https://www.planalto.gov.br/ccivil_03/leis/l8069.htm. Acesso em: 25 out. 2023.

BRASIL. Presidência da República. Lei n.º 8.078, de 10 de setembro de 1990. Dispõe sobre a proteção do consumidor e dá outras providências. **Diário Oficial da União**, Brasília, ano 1990. Disponível em: https://www.planalto.gov.br/ccivil_03/leis/l8078compilado.htm. Acesso em: 25 out. 2023.

BRASIL. Presidência da República. Secretaria Especial dos Direitos Humanos. Conselho Nacional dos Direitos da Criança e do Adolescente. **Plano Nacional de Promoção, Proteção e Defesa do Direito de Crianças e Adolescentes à**

Convivência Familiar e Comunitária, 31 jul. 2006. Disponível em: https://www.mds.gov.br/webarquivos/publicacao/assistencia_social/Cadernos/Plano_Defesa_CriancasAdolescentes%20.pdf. Acesso em: 30 out. 2023.

BRASIL. Secretária de Direitos Humanos. Conselho Nacional da Criança e do Adolescente (Conanda). Resolução n. 163, de 13 de março de 2014. Dispõe sobre a abusividade do direcionamento de publicidade e de comunicação mercadológica à criança e ao adolescente. **Diário Oficial da União**, ano 2014. Disponível em: https://site.mppr.mp.br/sites/hotsites/arquivos_restritos/files/migrados/File/legis/conanda/conanda_resolucao_163_publicada.pdf. Acesso em: 25 out. 2023.

BRASIL. Superior Tribunal de Justiça (STJ). Segunda Turma do STJ. Recurso Especial n. 1.558.086 - SP (2015/0061578-0). Relator: Ministro Humberto Martins. Julgamento em 10 de março de 2016. Corte ou Tribunal. Brasília. Disponível em: https://bdjur.stj.jus.br/jspui/bitstream/2011/113808/Julgado_1.pdf. Acesso em: 25 out. 2023.

BRASIL. Superior Tribunal de Justiça (STJ). Segunda Turma do STJ. Recurso Especial n. REsp 1613561 / SP. Relator: Ministro Herman Benjamin. Julgamento em 25 de abril de 2017. Corte ou Tribunal. Brasília. Disponível em: https://scon.stj.jus.br/SCON/jurisprudencia/toc.jsp?livre=%27201600171682%27.REG. Acesso em: 25 out. 2023.

BRASIL. Superior Tribunal Federal (STF). Pleno. Ação Direta de Inconstitucionalidade n. 5.631. Relator: Ministro Edson Fachin. Julgamento em 25 de março de 2021. Corte ou Tribunal. Brasília. Disponível em: https://redir.stf.jus.br/paginadorpub/paginador.jsp?docTP=TP&docID=755977807. Acesso em: 25 out. 2023.

BURGER KING BRASIL. **Cartilha LGBT+**. 2021. Disponível em: https://www.burgerking.com.br/pdf/cartilha-lgbt.pdf. Acesso em: 25 out. 2023.

BUTLER, Judith. **Problemas de gênero**: feminismo e subversão da identidade. 13. ed. Rio de Janeiro: Civilização Brasileira, 2017.

CARRASCOZA, João Anzanello. **Estratégias criativas da publicidade**: consumo e narrativa publicitária. São Paulo: Estação das Letras e Cores Editora, 2014.

CARVALHO, Adriana. **Publicidade infantil é ilegal no Brasil [livro eletrônico]**. São Paulo: Instituto Alana, 2022. Disponível em: https://publicidadedealimentos.org.br/wp-content/uploads/2023/04/GUIA_Publicidade-Infantil-Ilega_acessivel.pdf. Acesso em: 25 out. 2023.

CARVALHO, Marcelo de. **BOLSONARO NA FOGUEIRA DA INQUISIÇÃO** [...]. Twitter: @MarceloCRedeTV. 2023. Disponível em: https://twitter.com/MarceloCRedeTV/status/1676240449843998720. Acesso em: 26 out. 2023.

CARVALHO, Nelly de. **Publicidade**: a linguagem da sedução. 3. ed. São Paulo: Ática, 1994.

CORREIO BRAZILIENSE. Sikêra Júnior chora ao comentar perda de patrocinadores: Apresentador conseguiu vitória parcial na Justiça, e classificou episódio, em que perdeu anunciantes por causa de fala homofóbica, de 'lacração covarde'. **Correio Braziliense**. 2021. Disponível em: https://www.correiobraziliense.com.br/diversao-e-arte/2021/09/4950373-sikera-junior-chora-ao-comentar-perda-de-patrocinadores.html. Acesso em: 1 nov. 2023.

COSTA, Regina; COÊLHO, Marcia; GUERRA, Maria. Educação e diversidade: a caçada antigênero e o caso da Escola Eccoprime. **Linhas Críticas**, Brasília, v. 28, 2022. Disponível em: https://periodicos.unb.br/index.php/linhascriticas/article/view/40568/32915. Acesso em: 25 out. 2023.

COSTA-MOURA, Fernanda. Proliferação das #hashtags: lógica da ciência, discurso e movimentos sociais contemporâneos. **Ágora**: Estudos em Teoria Psicanalítica, Rio de Janeiro, v. 17. p. 141-158, 2014. Disponível em: https://www.scielo.br/j/agora/a/yzCXysYcfvRFnZj9r7ZGZnw/?lang=pt. Acesso em: 26 out. 2023.

COVALESKI, Rogério. **O processo de hibridização da publicidade**: entreter e persuadir para interagir e compartilhar. Orientador: Lucrecia D'Alessio Ferrara. 2010. Tese (Doutorado em Comunicação e Semiótica) - Programa de Estudos Pós-Graduados em Comunicação e Semiótica, São Paulo, 2010.

CRENSHAW, Kimberlé. Demarginalizing the intersection of race and sex: a black feminist critique of antidiscrimination doctrine. **Feminist Theory and Antiracist Politics**, Chicago, n. 8, p. 139-167, 1989. University of Chicago Legal Forum. Disponível em: https://chicagounbound.uchicago.edu/cgi/viewcontent.cgi?article=1052&context=uclf. Acesso em: 13 abr. 2023.

CRIANÇA E CONSUMO. **Desvendando a publicidade infantil**. Criança e Consumo. 2020. Disponível em: https://criancaeconsumo.org.br/noticias/desvendando-a-publicidade-infantil/. Acesso em: 25 out. 2023.

DAVID. **About**. Disponível em: https://www.davidtheagency.com/about. Acesso em: 20 out. 2023.

DEMARTINI GOMES, Neusa. Publicidade ou propaganda? É isso aí! **Revista FAMECOS**, v. 8, n. 16. 111–121 p, 2008. Disponível em: https://revistaseletronicas.pucrs.br/ojs/index.php/revistafamecos/article/view/3142. Acesso em: 19 out. 2023.

DIGIÁCOMO, Murillo. **Estatuto da criança e do adolescente anotado e interpretado**. 7. ed. Curitiba: Ministério Público do Estado do Paraná, 2017. Disponível em: https://femparpr.org.br/site/wp-content/uploads/2017/07/Livro-ECA.pdf. Acesso em: 30 out. 2023.

DOMINGUES, Izabela. **Terrorismo de marca**: publicidade, discurso e consumerismo político na rede. Confraria do Vento, Rio de Janeiro, 2013.

DOS SANTOS, Goiamérico; SANTEE, Nellie. A linguagem retórica da propaganda: uma análise comparativa. **Comunicação & Informação**, Goiânia, v. 13, n. 1. 10–24 p, 2012. Disponível em: https://revistas.ufg.br/ci/article/view/19283. Acesso em: 19 out. 2023.

ESTEFAN, Alexandre. **Bom dia!! Vai um Burguer King de café da manhã?? Novamente os preconceituosos q apoiam o Miliciano atacam uma empresa que compartilha o orgulho LGBTQIA+. Mas eles n são homofóbicos não, tá? (Contém Ironia)**. Twitter: @aleestefan. 2021. Disponível em: https://twitter.com/aleestefan/status/1408396459653926915. Acesso em: 1 nov. 2023.

FENAPRO. **Fenapro repudia PL 504/2020 que restringe a diversidade na publicidade**. Grandes Nomes da Propaganda. 2021. Disponível em: https://grandesnomesdapropaganda.com.br/mercado/fenapro-repudia-pl-504-2020-que-restringe-a-diversidade-na-publicidade/. Acesso em: 26 out. 2023.

FERREIRA, Matheus. Tiffany ilustra anúncio com casal gay e viraliza nas redes. **Gkpb**. Disponível em: https://gkpb.com.br/5958/tiffany-ilustra-anuncio-com-casal-gay-e-viraliza-nas-redes/. Acesso em: 3 jul. 2022.

FILIPPE, Marina. O que diz o Burger King após ser criticado por campanha de Orgulho LGBTI+: Burger King é chamado de lixo nas redes sociais após lançar a campanha "Nossa, como eu vou explicar a sigla LGBTQIA+ para as crianças?". **Exame**. 2021. Disponível em: https://exame.com/marketing/o-que-diz-o-burger-king-apos-ser-criticado-por-campanha-de-orgulho-lgbti/. Acesso em: 26 out. 2023.

FLAUSINO, Márcia; MOTTA, Luiz. Break comercial: pequenas histórias do cotidiano narrativas publicitárias na cultura da mídia. **Em Questão**, Porto Alegre, v. 13,

n. 1, p. 89-100, 2007. Disponível em: https://seer.ufrgs.br/index.php/EmQuestao/article/view/138. Acesso em: 2 jan. 2024.

FONTELES, Samuel. **Direito e Backlash**. Orientador: Paulo Gustavo Gonet Branco. 2018. Dissertação (Mestrado em Direito Constitucional) - Instituto Brasiliense de Direito Público (IDP), Brasília, 2018. Disponível em: https://repositorio.idp.edu.br//handle/123456789/2690. Acesso em: 13 fev. 2024.

FOUCAULT, Michel. **A arqueologia do saber**. 7. ed. Rio de Janeiro: Forense Universitária, 2008.

FOUCAULT, Michel. **A ordem do discurso**: aula inaugural no Collège de France, pronunciada em 2 de dezembro de 1970. Tradução de Laura Sampaio. São Paulo: Edições Loyola, 2019. (E-book).

FOUCAULT, Michel. **História da sexualidade**: a vontade do saber. 11. ed. Rio de Janeiro: Paz e Terra, 2021. v. 1.

GREEN, James. **Além do carnaval**: a homossexualidade masculina no Brasil do século XX. 3. ed. São Paulo: Unesp, 2022.

GUAZINA, Liziane. O conceito de mídia na comunicação e na ciência política: desafios interdisciplinares. **Revista Debates**, [S. l.], v. 1, n. 1, p. p. 49, 2007. DOI: 10.22456/1982-5269.2469. Disponível em: https://seer.ufrgs.br/index.php/debates/article/view/2469. Acesso em: 13 fev. 2024.HABERMAS, Jürgen. **A nova obscuridade**: pequenos escritos políticos. Tradução de Luiz Repa. 1. ed. São Paulo: Editora Unesp, 2015.

HALL, Stuart. Foucault: power, knowledge and discourse. *In:* WETHERELL, Margaret; TAYLOR, Stephanie; YATES, Simeon J. **Discourse theory and practice**: A reader. California: Sage Publications, 2001. cap. 7, p. 72-81. (Versão digitalizada por Google. Original da University of California).

HILTON, Erika. **NÃO NOS ATACARÃO [...]**. Twitter: @ErikakHilton. 2023. Disponível em: https://twitter.com/ErikakHilton/status/1671649057243123714. Acesso em: 11 dez. 2023.

IRIBUNE, André. **As representações das homossexualidades na publicidade e propaganda veiculadas na televisão brasileira**: um olhar contemporâneo das últimas três décadas. Orientador: Márcia Benetti. 2008. Tese (Doutorado em Comunicação e Informação.) - Programa de Pós-Graduação em Comunicação e Informação da Universidade Federal do Rio Grande do Sul, Porto Alegre, 2008.

Disponível em: https://lume.ufrgs.br/handle/10183/13806. Acesso em: 13 fev. 2024. JANSEN, Lucas. Discurso pró-diversidade dos anúncios publicitários: uma perspectiva do consumo de ativismo no mercado LGBTI+. *In:* COSTA, Regina; NETTO, Manuel; DANTAS, Carlos (org.). **Direitos da população LGBTI+**: democracia, cidadania, políticas públicas e representatividade. Recife: Even3, 2022. cap. 18, p. 144-152.

JANSEN, Lucas. Diversidade de sexualidades e gêneros na publicidade: uma perspectiva contemporânea das interconexões entre os sistemas midiático e político nacional. *In:* PEDRA, Caio; RAMOS, Marcelo; NICOLI, Pedro (org.). **Direitos e diversidades sexuais e de gênero em debate no Brasil**. Belo Horizonte: Editora Dialética, 2023. 288 p. cap. 3, p. 67-86.

JANSEN, Lucas. Do orgulho ao consumo: publicidade de fachada e as estratégias midiáticas durante o mês do orgulho LGBTI+. *In:* CONGRESSO INTERNACIONAL COMUNICAÇÃO E CONSUMO (COMUNICON). 2023. **Anais eletrônicos** [...] Campinas: Galoá, 2023. Disponível em: https://proceedings.science/comunicon-2023/trabalhos/do-orgulho-ao-consumo-publicidade-de-fachada-e-as-estrategias-midiaticas-durante?lang=es. Acesso em: 4 nov. 2023.

JANSEN, Lucas; ANDRADE, Maria. O caráter pedagógico da publicidade LGBT+: uma análise de caso do posicionamento da marca Amstel. *In:* COSTA, Regina; NETTO, Manuel; JANSEN, Lucas (org.). **II Congresso Brasileiro Virtual de Diversidade Sexual e de Gênero**: Seguridade | Educação | Saúde | Família. Debates interdisciplinares. Recife: Even3, 2021, p. 103-107.

JULIANA. O povo problematizando o comercial, meu Deus até onde isso vai parar?? eu amei o comercial e a atitude que eles tomaram. partiu BurguerKing?? quem vai cmg? #BurgerKingLixo. Twitter: @Juliana_ana6. 2021. Disponível em: https://twitter.com/Juliana_ana6/status/1408458933040201731. Acesso em: 1 nov. 2023.

KELLNER, Douglas; SHARE, Jeff. Educação para a leitura crítica da mídia, democracia radical e a reconstrução da educação. **Educação & Sociedade**. Tradução de Márcia Barroso, Campinas, v. 29, n. 104, p. 687-715, 2008. Tradução de Critical media education, radical democracy and the reconstruction of education.

CZEZACKI, Aline. **Análise das formações discursivas sobre pessoas trans a partir das matérias sobre travestis e transexuais publicadas no Portal G1**. Orientador: Liliane Maria Macedo Machado. 2023. Dissertação (Mestrado em Comunicação) - Programa de Pós-Graduação em Comunicação da Universidade de Brasília, Brasília, 2023. LAMPREIA, J. Martins. **A publicidade moderna**. Lisboa: Editorial Presença, 1992.

LAURETIS, Teresa de. **Technologies of Gender**: Essays on Theory, Film, and Fiction. Indiana University Press, 1987.

LEITE, Francisco (org.). Para pensar uma publicidade antirracista: entre a produção e os consumos. *In:* LEITE, Francisco. **Publicidade antirracista**: reflexões, caminhos e desafios. São Paulo: ECA-USP, 2019. cap. 1, p. 17-65.

LEITE, Francisco. Comunicação e cognição: os efeitos da propaganda contra-intuitiva no deslocamento de crenças e estereótipos. **Ciências & Cognição**, v. 13, n. 1, 2008. Disponível em: https://www.cienciasecognicao.org/revista/index.php/cec/article/view/685. Acesso em: 24 out. 2022.

LIMA, Venicio Artur de. **Mídia**: teoria e política. [*S. l.*]: Fundação Perseu Abramo, 2007.

LOPES, Helio. **Burger King - O MEU DEUS NUNCA ERRA! - Diga não a IDEOLOGIA DE GÊNERO! - Meu filho, não se esqueça da minha LEI, mas guarde no CORAÇÃO os meus MANDAMENTOS, pois eles PROLONGARAM a sua VIDA por muitos anos e darão a você PROSPERIDADE e PAZ. Provérbios 3:1-2 #DepHelioLopes**. Twitter: @depheliolopes. 2021. Disponível em: https://twitter.com/depheliolopes/status/1409257755651760130. Acesso em: 26 set. 2023.

LOPES, Maria; MUNGIOLI, Maria. Brasil: tempo de séries brasileiras? **Anuário Obitel**, São Paulo, 2015. Disponível em: https://repositorio.usp.br/item/002790233. Acesso em: 26 out. 2023.

MACHADO, Maria. O discurso cristão sobre a "ideologia de gênero". **Revista Estudos Feministas**, v. 26, n. 2, 2018. Disponível em: https://periodicos.ufsc.br/index.php/ref/article/view/47463/37122. Acesso em: 30 out. 2023.

MACIEL, Wilson *et al.* A influência dos filhos no processo de decisão de compra e consumo alimentar das famílias. **Revista Brasileira de Marketing**, São Paulo, v. 17, n. 4, p. 545-560, 2018. Disponível em: https://periodicos.uninove.br/remark/article/view/12455/6014. Acesso em: 6 jun. 2023.

MAGALHÃES, Marina; CRUZ, Matheus; DO VALE, Karina. #Desmonetizasikera: o net-ativismo na campanha de desmonetização contra o discurso de ódio na televisão. **Discursividades**, v. 8, n. 1, p. 122-153, 2021.

MAINGUENEAU, Dominique. Análise do Discurso: uma entrevista com Dominique Maingueneau. **Revista Virtual de Estudos da Linguagem (ReVEL)**, v. 4, n. 6, p. 1-6, 2006. Disponível em: http://www.revel.inf.br/files/entrevistas/revel_6_entrevista_maingueneau_port.pdf. Acesso em: 27 ago. 2022.

MAINGUENEAU, Dominique. **Discurso e análise do discurso**. São Paulo: Parábola, 2020.

MEMORIAL DA DEMOCRACIA. **SP daz sua 1ª parada do orgulho gay**: Movimento defende direitos e visibilidade para o público LGBT. Memorial da Democracia. 1997. Disponível em: https://memorialdademocracia.com.br/card/sp-faz-sua-1a-parada-do-orgulho-gay. Acesso em: 1 nov. 2023.

MESSIAS, Be. **Com certeza Vamos boicotar até virar pó #BurgerKingLixo !!**. Twitter: @BeMessias. 2021. Disponível em: https://twitter.com/BeMessias/status/1409324468338561026. Acesso em: 26 out. 2023.

MORAES, Ângela; MACHADO, Liliane; BORGES, Rogério. **Comunicação e discursividade**: Teoria e dispositivos analíticos da AD. Goiânia: Editora Kelps, 2021.

MOZDZENSKI, Leonardo. *Outvertising* - **A publicidade fora do armário**: retóricas do consumo LGBT e retóricas da publicidade lacração na contemporaneidade. 2019. Tese (Doutorado em Comunicação) - Programa de Pós-Graduação em Comunicação da Universidade Federal de Pernambuco, Recife, 2019. Disponível em: https://repositorio.ufpe.br/handle/123456789/35630. Acesso em: 12 jul. 2023.

MRV. **Olá, @slpng_giants_pt ! A MRV acredita na diversidade e não compactua com qualquer forma de preconceito. O programa Alerta Amazônia já não faz mais parte dos nossos planos de mídia**. Twitter: @mrvoficial. 2021. Disponível em: https://twitter.com/mrvoficial/status/1409609896451059723. Acesso em: 1 nov. 2023.

NASCIMENTO, Letícia. **Transfeminismo**. Editora Jandaíra, 2021. (E-book).

NOGUEIRA, Priscila. A Pepita foi pedida em casamento e renovou as nossas esperanças no amor. **Buzzfeed**. Disponível em: https://buzzfeed.com.br/post/a-pepita-foi-pedida-em-casamento-e-renovou-as-nossas-esperancas-no-amor. Acesso em: 16 ago. 2023.

ORGANIZAÇÃO PAN-AMERICANA DA SAÚDE (OPAS/OMS). "Curas" **para una enfermedad que no existe**: las supuestas terapias de cambio de orientación sexual carecen de justificación médica y son éticamente inaceptables. 2012. Disponível em: https://www.paho.org/es/documentos/curas-para-enfermedad-que-no-existe. Acesso em: 30 out. 2023.

ORLANDI, Eni Puccinelli. **As formas do silêncio**: no movimento dos sentidos. Editora da Unicamp, São Paulo, 2006. (E-book).

PASQUALOTTO, Adalberto. Autorregulamentação da publicidade: um estudo de modelos europeus e norte-americano. **Revista de Direito do Consumidor**, São Paulo, v. 112, n. 26, p. 115-148, 2017. Ed. RT. Disponível em: https://meriva.pucrs.br/dspace/bitstream/10923/20819/2/Autorregulamentao_da_publicidade_um_estudo_de_modelos_europeus_e_norteamericano.pdf. Acesso em: 26 out. 2023.

PAVARINO, Rosana. **Panorama histórico-conceitual da publicidade**. Brasília, 2013. Tese (Programa de Pós-Graduação em Comunicação) – Universidade de Brasília, Brasília, 2023. Disponível em: http://www.realp.unb.br/jspui/bitstream/10482/13328/1/2013_RosanaNantesPavarino.pdf. Acesso em: 19 out. 2023.

PEDRO, Joana. Traduzindo o debate: o uso da categoria gênero na pesquisa histórica. **Debates Historiográficos**, v. 24, n. 1. Disponível em: https://www.scielo.br/j/his/a/fhHv5BQ6tvXs9X4P3fR4rtr/?lang=pt. Acesso em: 20 out. 2023.

PEDROSO, Andre. **Burger King LIXO !**. Twitter: @andrepedrosobr. 2021. Disponível em: https://twitter.com/andrepedrosobr/status/1408306825347411969. Acesso em: 26 out. 2023.

PEIXOTO, Fernando. **Publicidade, sedução e assertividade**: a comunicação de marca, hoje. Lisboa: Instituto Politécnico de Lisboa. Escola Superior de Comunicação Social, 2014. Disponível em: https://hdl.handle.net/1822/36817. Acesso em: 14 jul. 2022.

PEREZ, Caroline. **Mulheres invisíveis**: o viés dos dados em um mundo projetado para homens. 1. ed. Rio de Janeiro: Instríseca, 2022.

PEREZ, Reginaldo *et al.* A "questão democrática" entre o STF e o Bolsonarismo. **InterAção**, v. 4, n. 3, 2023. Disponível em: https://periodicos.ufsm.br/interacao/article/view/75317. Acesso em: 30 out. 2023.

PESSOA, Mateus; SILVA, Tainara; MACÁRIO, Leatrice. Femvertising no Brasil: um estudo de caso da campanha "Eu me sinto confortável" da Avon. *In:* V ENCONTRO DE MARKETING CRÍTICO UESB, n. 5. 2018. **Anais eletrônicos** [...]. Disponível em: http://www2.uesb.br/eventos/workshopdemarketing/wp-content/uploads/2018/10/5-Femvertising-1.pdf. Acesso em: 4 nov. 2023.

PROPOMARK. **Marcas se posicionam contra PL 504/2020**. Propmark. 2021. Disponível em: https://propmark.com.br/marcas-se-posicionam-contra-pl-504-2020/. Acesso em: 26 out. 2023.

QUINALHA, Renan. Contra a moral e os bons costumes: a política sexual da ditadura brasileira (1964-1988). 2017. Tese (Doutorado em Relações Internacionais) - Instituto de Relações Internacionais da Universidade de São Paulo, São Paulo, 2017. Disponível em: https://www.teses.usp.br/teses/disponiveis/101/101131/tde-20062017-182552/pt-br.php. Acesso em: 20 out. 2023.

QUINALHA, Renan. **Da vergonha, emergiu o orgulho**. De tão pouco, temos feito muito. 2023. Disponível em: https://www.renanquinalha.com/blog/da-vergonha-emergiu-o-orgulho-de-to-pouco-temos-feito-muito-bmjpg. Acesso em: 1 nov. 2023.

QUINALHA, Renan. **Movimento LGBTI+**: uma breve história do século XIX aos nossos dias. Belo Horizonte: Autêntica, 2022.

QUINALHA, Renan. O mito fundador de Stonewall. **Revista Cult**. 2019. Disponível em: https://revistacult.uol.com.br/home/o-mito-fundador-de-stonewall/. Acesso em: 3 abr. 2022.

RECUERO, Raquel; ZAGO, Gabriela. Em busca das "redes que importam": redes sociais e capital social no Twitter. **Líbero**, São Paulo, v. 12, n. 24, 2009. Disponível em: https://seer.casperlibero.edu.br/index.php/libero/article/view/498/472. Acesso em: 30 ago. 2023.

RIBEIRO, Djamila. **Pequeno manual antirracista**. São Paulo: Companhia das Letras, 2019.

RIO DE JANEIRO (Estado). Justiça Federal. 26ª Vara Federal da Seção Judiciária do Rio de Janeiro. Ação Civil Pública n. 0101298-70.2017.4.02.5101. Relator: Frana Elizabeth Mendes. Julgamento em 25 de dezembro de 2017. Corte ou Tribunal. Rio de Janeiro. Disponível em: https://www.estadao.com.br/blogs/blog/wp-content/uploads/sites/41/2017/10/76994222-50-1-pp.pdf. Acesso em: 11 ago. 2023.

ROCHA, Everardo. **Representações do consumo**: estudos sobre a narrativa publicitária. Rio de Janeiro: PUC-Rio, 2006.

SACCHITIELLO, Bárbara. Contra homofobia, case "Essa Coca é Fanta" brilha em Cannes: Case assinado pela da David São Paulo para a Coca-Cola consegue 2 Ouros em PR e 1 em Media. **meio&mensagem**. 2018. Disponível em: https://

cannes.meioemensagem.com.br/noticias-2018/2018/06/21/contra-homofobia-case-essa-coca-e-fanta-brilha-em-cannes. Acesso em: 12 jan. 2023.

SAMPAIO, Inês. Publicidade e infância: uma relação perigosa. *In:* INSTITUTO ALANA. **Infância & Consumo**: estudos no campo da comunicação. Brasília, 2009.

SCHOR, Juliet. **Nascidos para comprar**: uma leitura essencial para orientarmos nossas crianças na era do consumismo. São Paulo: Editora Gente, 2009.

SIQUEIRA, Camilla (org.). As três ondas do movimento feminista e suas repercussões no direito brasileiro. *In:* PODER, CIDADANIA E DESENVOLVIMENTO NO ESTADO DEMOCRÁTICO DE DIREITO. 2015. **Anais eletrônicos** [...] Florianópolis: CONPEDI, 2015. Disponível em: http://conpedi.danilolr.info/publicacoes/66fsl345/w8299187/ARu8H4M8AmpZnw1Z.pdf. Acesso em: 24 jul. 2023.

SLEEPING GIANTS BRASIL. "Já pensou ter um filho viado e não poder matar?" "Raça desgraçada" "Vocês são nojentos" E QUEM PAGA ESSA CONTA? Ajude-nos a alertar as empresas para que nesse Dia Internacional do Orgulho LGBT façamos mais do que trocar a foto do perfil! #DesmonetizaSikera. Twitter: @slpng_giants_pt. 2021. Disponível em: https://twitter.com/slpng_giants_pt/status/1409529130195038209. Acesso em: 1 nov. 2023.

SLEEPING GIANTS BRASIL. **Em 2021 a campanha #DesmonetizaSikera retirou mais de 200 empresas do apresentar lgbtfóbico A demissão do Sikêra é uma vitória que começou a ser construída há 2 anos, é uma vitória do amor contra o ódio e acima de tudo é uma vitória de vocês!**. Twitter: @slpng_giants_pt. 2023. Disponível em: https://twitter.com/slpng_giants_pt/status/1644762029843161090. Acesso em: 1 nov. 2023.

SOUSA, David; TAVARES, Débora. Ferramenta para identificação de publicidade contraintuitiva e sua aplicabilidade. **Revista Anagrama**, São Paulo, 2022. Disponível em: https://www.revistas.usp.br/anagrama/article/download/195534/183454/563214. Acesso em: 19 out. 2023.

SPINK, Mary Jane; MENEGON, Vera. A pesquisa como prática discursiva: superando os horrores metodológicos. *In:* SPINK, Mary Jane (org.). **Práticas discursivas e produção de sentidos no cotidiano**: aproximações teóricas e metodológicas. Rio de Janeiro: Centro Edelstein de Pesquisas Sociais, 2013. cap. 3, p. 42-70. (Edição virtual).

TRAQUINA, Nelson. **Teorias do jornalismo**: Por que as notícias são o que são? 2. ed. Florianópolis: Editora Insular, v. 1, 2005.

TREVISAN, João. **Põe Na Roda Cast**: Episódio de Podcast #13 | João Silvério Trevisan. Spotify. 2023. Disponível em: https://open.spotify.com/episode/7w2KBXSMDes542yfsNWNAR. Acesso em: 20 out. 2023.

TWITTER. **Política contra propagação de ódio**. Twitter. Disponível em: https://help.twitter.com/pt/rules-and-policies/hateful-conduct-policy. Acesso em: 5 nov. 2023.

URSINI, Nathalie. O primeiro beijo gay na publicidade: Criada pela TagZag, campanha é veiculada nas principais emissoras da Paraíba. **meio&mensagem**, ano 2014, 22 maio 2014. Disponível em: https://www.meioemensagem.com.br/home/comunicacao/2014/05/22/o-primeiro-beijo-gay-na-publicidade.html. Acesso em: 3 jul. 2022.

VIEIRA, Isabela. **Pesquisador da Unesp diz que piadas racistas reforçam padrão colonialista e estereótipos**. EBC. 2012. Disponível em: https://memoria.ebc.com.br/2012/11/pesquisador-da-unesp-diz-que-piadas-racistas-reforcam-padrao-colonialista-e-estereotipos?_gl=1*1rwfzrg*_ga*MjA2NDE4MTI4NS4xNzAxNzg2NDA1*_ga_TGW7R30M20*MTcwMTc4NjQwNS4xLjAuMTcwMTc4NjQwNS42MC4wLjA. Acesso em: 5 dez. 2023.

ZIRBEL, Ilze. **Ondas do feminismo**. Mulheres na Filosofia. Campinas, 2021. Disponível em: https://www.blogs.unicamp.br/mulheresnafilosofia/2021/03/17/ondas-do-feminismo/. Acesso em: 21 jul. 2023.